中外教育名著导读书系

洛克、斯宾塞教育名著导读

王凌皓　主编
李丽丽　　著

吉林文史出版社

图书在版编目（CIP）数据

洛克、斯宾塞教育名著导读／王凌皓主编；李丽丽著. -- 长春：
吉林文史出版社，2013.7（2021.6 重印）
（中外教育名著导读书系／王凌皓主编）
ISBN 978-7-5472-1655-2

Ⅰ. ①洛… Ⅱ. ①王… ②李… Ⅲ. ①洛克，J.
(1632~1704) -教育学-著作-介绍②斯宾塞，
H. (1820~1903) -教育学-著作-介绍
Ⅳ. ①G40-095.61

中国版本图书馆CIP数据核字(2013)第159077号

洛克、斯宾塞教育名著导读

LUOKESIBINSAIJIAOYUMINGZHUDAODU

编委会／李丽丽　王凌皓　杨冰　田茂　王澍　袁媛　王晶
朱永坤　马艳芬　王洪岩　牛利华　曲辉　刘慧艳

主编／王凌皓
著／李丽丽
责任编辑／高冰若

封面设计／李岩冰　董晓丽
印装／三河市燕春印务有限公司
开本／720mm×1000mm　1/16
字数／182千字　印张／11.5
版次／2014年1月第1版　2021年6月第6次印刷
出版发行／吉林文史出版社（长春市福祉大路5788号）
书号／ISBN 978-7-5472-1655-2
定价／39.80元

目 录

上编　洛克教育名著导读

一 洛克及其教育思想的理论基础

(一)洛克生平介绍

约翰·洛克(John Locke, 1632-1704），是英国17世纪著名的哲学家、政治家和教育家。他出生于英格兰的萨默塞特郡(Somerset Shire)的一个有着清教背景的家庭，父亲当过律师，洛克从小接受了严格的教育。洛克10岁那年，英国资产阶级革命爆发，父亲加入了克伦威尔军队，从此家庭生活困窘难支，洛克与母亲相依为命。洛克在14岁时，经由所在部队的军官介绍，来到威斯敏斯特学校，接受了传统的古典文学基础训练，洛克勤奋刻苦，成绩优异。20岁时考到牛津大学的基督教教会学院，先后获得学士学位和硕士学位，然后又在牛津大学任教，担任过希腊语和哲学教师。但是，洛克并不喜欢这样的生活，尤其是当时盛行于校园内的经院哲学，洛克很不感兴趣，反而比较喜欢医学及自然科学，花费很多时间和精力去研究，由于他刻苦努力，后来在医学及自然科学领域颇有造诣，被正式入选英国皇家学会，也正是由于这样的经历，他最后决定从事医学研究。医学生涯为洛克走向教育之路起到了重要的桥梁和纽带作用。洛克34岁那年，为英国自由主义政治家沙夫茨伯里伯爵（当时英国辉格党的著名领袖）医好了久治不愈的怪病，从而与伯爵结为好友。洛克非常拥护沙夫茨伯里伯爵的政治路线，他以其渊博的学识尤其是医生身份获得了沙夫茨伯里伯爵的赏识，连续八年担任伯爵的私人秘书和医学顾问以及其儿子的家庭教师。洛克的教育目标是，使受教育者成为有德行、有能力且具有良好教养的人。后

来，沙夫茨伯里因反对专制而遭到了英国保守势力的迫害，洛克也因此被迫流
亡荷兰，直到6年后英国"光荣革命"胜利后才得以重返祖国。在荷兰流亡的岁
月里，洛克应亲戚——原来英国萨默塞特郡奇布里地方的一个乡绅爱德华·克
拉克的请求，负责指导他的子嗣，直到离开荷兰之后，他们仍有数年的书信往
来，交流和探讨教育孩子的心得与看法。42岁旅居法国期间，他又担任了富商
约翰·班克斯爵士儿子的家庭教师长达两年之久。这些多年担任家庭教师的经
历使洛克积累了丰富的教育经验，对教育问题有了深刻的思考和认识，为日后写
作《教育漫话》埋下了伏笔。

（二）洛克教育思想的理论基础

在洛克生活的年代，英国发生了早期的资产阶级革命，资本主义制度在英
国得到了正式确立。但是，中世纪以来的宗教神学思想、天赋观念影响依然根
深蒂固，尤其在教育领域，宗教教育和神学教育仍占主流。在哲学观念上，洛克
继承和发展了培根的唯物主义经验论，在政治立场上，洛克拥护的是大资产阶
级与贵族联合专政的君主立宪政体，其教育思想则是在这样的哲学观念和政
治思想上的合理延伸，同时也受到了蒙田、弥尔顿等人实用主义教育思想的影
响，主张教育为现实生活服务。

1. 反对天赋观念，主张经验论

天赋观念就是英国当时普遍流行的"普遍理解"理论，该理论认为由于所
有的人都同意某种思辨和实践原则的有效性，因此得出一个结论，即这些原则
是最初印在人们的头脑之中的，如同人的天生机能一样。洛克对当时非常流行
的天赋观念加以猛烈抨击，他首先指出，即使人们同意某些原则，也不能因此

认为这些原则就是天赋的，这只不过是一个多余的、无价值的、一下子就可以推翻的假设，因为孩子和白痴对一些普遍原则是全然不知的。当时天赋观念者对此也进行了努力的辩解，提出了"潜在说"，认为天赋观念是潜在于人们心中的，儿童虽然开始并不知道，但是等他学会运用理性的时候，就对这些普遍原则有了理解。对此，洛克反诘道：如果在应该能够理解时而不能够理解，这无疑是说这个观念既在理解中又在不理解中，这是自相矛盾的。

洛克对天赋观念进行思辨的批判之后，开始着手探寻观念和知识的真正起源问题，提出了"白板说"。"白板说"对观念和知识的起源问题给出了一个有力的解释。洛克断言，人的心灵之初如同一块"白板"，上面没有任何记号，后来的任何观念和知识都是后天的经验而已。在"白板说"基础上，洛克进一步指出："我敢说我们日常所见的人中，他们之所以或好或坏、或有用或无用，十分之九都是他们的教育决定的。人类之所以千差万别，便是由于教育之故。"[1]这是洛克对于教育问题的基本主张，他充分肯定了后天教育在人的身心发展中所起的巨大作用。至于后天经验的获得，洛克也给出了细致的解释。他认为，经验来自于后天的"感觉"和"反省"，人既可以通过感官认识外界事物的形状、运动、颜色等来获得经验，又可以通过内心活动的反省，即通过怀疑、推理、认识等各种心理活动来获得经验。这里，洛克间接指明了后天教育作用于人的两个途径。在教育中，洛克非常重视感觉而来的直观经验，主张在绅士教育必修课当中把儿童带到大自然中去，让父母再借助一些有趣的故事，使儿童认识动物学、植物学、物理学、矿物学、天文学等领域的知识。洛克同时也十分重视在一定的感觉经验基础上，通过反省而形成的复杂经验，主张教育遵循从简单到复杂的原则，便于儿童在比较、推理中形成新的认知。

---

[1] 杨汉麟译，教育漫话（全译注释本）[M].北京：人民教育出版社，2006.7.

4

2. 拥护君主立宪制度，为资产阶级培养绅士

洛克对天赋观念的批判也包含了对君权神授和王位世袭的反对，主张置国王于议会控制之下的立宪君主制，倡导资产阶级法制思想。洛克生活的年代，资产阶级刚刚执政，为了保护和壮大其政权，急需通过教育培养出能够满足社会发展需要的人才。他们理想中的人才，不仅要具有从事资本主义工商业所需要的实用知识与技能，还要在言谈举止方面符合资产阶级上流社会的要求，是一种身心得到全面和谐发展的人才。洛克看到了资本主义发展的这种趋势，提出了绅士教育理论，他认为，教育的最高目的就在于培养绅士。所谓绅士，就是一种有德行、有学问、有能力、有礼貌的人。

二 《教育漫话》简介

(一)《教育漫话》之成书

洛克有着丰富的家教经验和深厚的人文及科学理论功底,这一点,乡绅爱德华·克拉克在与他的书信往来中感受深刻且赞叹不已,并鼓励洛克将书信整理出版,以使更多的人从中受益,洛克接受了朋友们的建议,将有关书信整理后于1693年正式出版问世,命名为《教育漫话》,这就是这本书的由来。《教育漫话》集中反映了欧洲文艺复兴时期新兴资产阶级的教育观,问世之后,成为欧美乃至世界文化、教育的瑰宝,数百年来被许多人奉为办学的圭臬乃至"宪章",影响了一代又一代的学人。

欧洲文艺复兴时期资产阶级盛行一种代表新兴资产阶级愿望的教育观,即"绅士教育",主张以社会中的上层子弟为教育对象,培养身体健康、精神健全的各种社会活动家和企业家,即绅士。17世纪到18世纪是英国社会流动性最大的阶段,转型时期出现的频繁社会流动,受社会因素、个人因素的影响。这一时期社会分层体系发生变化,开放的社会阶层为个人改变社会地位提供了流动机会,人们可以在一定程度上根据自身的能力和财富重新选择自己的社会地位和社会角色,通过多种途径实现向上层社会流动。贵族构成发生变化,出现一个与资本主义有密切关系的新贵族阶层。人文主义教育家们希望学生通过学习古典文化知识等,学会如何使用贵族的语言、衣着方式、美的意识、价值观和风度等。对世俗教育的要求、宫廷教育的影响、培根及培根派教育家的主张和改革活动等，都是促进绅士教育理论发展的重要因素。资本主义生产关系的发展强烈要求教育能够用创新且贴近现实普通生活的教育方法培养出经验丰富的实业家绅士。洛克《教育漫话》继承并发展了前人的有关思想，对绅士教育理论做了最为系统的阐述，洛克所要培养的绅士不是教士，不是学究，也不是朝臣，而是符合时代需要的有理性、有德行、有才干的绅士或者有开拓精神的实业家。洛克认为，对于一个国家来说，绅士教育最为重要，因为如果绅士走上了正轨，其他的人就跟着走上了正轨。

（二）《教育漫话》之篇章结构

《教育漫话》全书217节，主要分为三个部分：第1—30节论述体育，第31—146节论述德育，第147—216节论述智育，第217节为结论。关于教育作用、教育目的、家长及教师的素质等问题则是夹杂在有些章节中阐释的。

体育。11世纪以后，随着资本主义工商业的发展，资产阶级逐渐强大，他们极力反对禁欲主义的身体观，迫切需要建立与自身利益相适应的身体观。在西方，洛克第一个提出并详细地阐述了体育问题，他指明，人生幸福取决于精神健康与身体健康，精神健康是最主要的，但是，精神健康要以身体健康为前提。洛克第一次明确地提出把儿童的教育划分为体育、德育、智育，他非常重视体育在教育中的重要作用。在《教育漫话》中，洛克将体育放在三育之首，这不仅是出于他身为一个医生和家庭教师对儿童的身体健康问题有特殊的研究，更重要的是，洛克认为健康的体魄对于人生的成就与幸福是至关重要的。洛克对当时资产阶级发展上升阶段的压力进行了考虑，他认为资产阶级不但要经营工商业，还要管理航海事业、探险事业，还要征服殖民地，还要开辟新的财源，才能实现目标，如果缺乏健康的体魄是根本无法办到的，所以洛克说："对于我们的工人及人生幸福,健康是何等重要;而一个人为了出类拔萃,功成名就,就必须能忍受艰辛、疲乏,因此对强健的体魄提出了很高的要求。"[1]前面有提到,洛克在世界观方面是唯物主义的,而且对医学和其他自然科学都有过深入研究,并因此阴差阳错地担任了家庭教师,从而和教育结下了不解之缘,洛克对儿童的健康、养护、保健训练等问题都提出了很多有价值的观点。例如,他提出让儿童用冷水洗脸或洗澡、多呼吸新鲜空气、衣着不可过紧过暖、多过露天生活、饮食要清淡、不喝烈性饮料、早睡早起、睡硬板床、多运动锻炼、不宜乱用药物等等,这些观点直到今天都是被反复强调的重要的体育保健知识。

道德教育。道德教育是洛克《教育漫话》中的主体内容,尽管他强调"健康的精神寓于健康的身体"[2],但他同时也声称:"一位绅士应具备的各种品性之中,我们将德行放在首位,视之为最必需的品性。"[3]洛克要求儿童在具备健康体魄的基础上,必须发展健全的精神,健全精神集中体现在具有完美的德行。在洛克看来,德行乃是人生最重要、最不可缺少的,缺乏德行,不仅没有幸福的人生可言,更不被人尊重,更难以取得事业上的成功。当今德育学科关于德育个人本位德育目的界说,与洛克德育目的观有着惊人的相似,这充分印证了洛克教育思想的深远意义。尽管洛克没有过多关注社会本位的德育目的,显示出了一定的功利主义色彩,但是,按照个人是社会的细胞这一逻辑,洛克重视个人德行的完善对资本主义社会的和谐有序发展必将带来积极的影响。洛克把人的德行进行了三个层次的划分:第一个层次为世俗的聪明,表现为一个人在纷繁复杂的人际交往中能察言观色、应付自如;第二个层次表现为懂得上流社会的礼仪,不但善于交际,而且仪表上表现出高贵的气质,彬彬有礼,文雅大方;第三个层次表现为具有吃苦耐劳、坚强刚毅的意志品质。关于德行培养的原则

---

[1] 杨汉麟译,教育漫话 (全译注释本) [M].北京:人民教育出版社,2000.8.
[2] 杨汉麟译,教育漫话 (全译注释本) [M].北京:人民教育出版社,2000.7.
[3] 杨汉麟译,教育漫话 (全译注释本) [M].北京:人民教育出版社,2000.128.

方法,洛克也提出了珍贵的意见,他认为,对待儿童,要训练其能以理性克制欲望,要从小通过教育去培养儿童必需的、良好的思想品质,在具体实施过程中要注意以下几种要领:反对溺爱、宽严结合、奖惩结合、说理教育、榜样教育、文明礼貌教育。

智育。《教育漫话》的第三部分,洛克阐述的是如何对儿童进行学问与智慧的培养。洛克曾说,一个有德行的绅士比一个掌握了许多脱离实际学问的大学者更为可贵。尽管洛克认为,与德育相比,智育处于一个较次要的地位,但同时,洛克也提出,培养合格的绅士,智育也是必不可少的。洛克对于绅士教育中的智育有特殊的强调,他对于当时流行的智育内容(尤其是古典主义学科)非常反感,但是他重视有实际用途的学科,尤其重视培养世俗的智慧,即现实生活知识与技能。为了有效培养儿童的生活知识与技能,洛克提出一系列有价值的智育观点:①不要强迫儿童去学习,反对教师用斥责和惩罚的方法让学生专注于学习;②主张调动儿童的学习积极主动性,要力争做到使儿童"自己去向往学习,把求学当成另外一种游戏或娱乐去追求";③主张循序渐进,传授知识要从明白简单的地方开始,还要适应儿童的年龄特点;④要满足并激发儿童的好奇心;⑤注意培养儿童的动手能力,既可以调剂生活,又可以从中获得必要的知识技能,还可以避免儿童将宝贵的光阴虚掷在无益的事情上面。

(三)《教育漫话》之特殊说明

第一,究竟哪种因素在儿童成长中发挥主导作用,是教育还是遗传?(这个问题前面已经有所说明)洛克在《教育漫话》中一再强调儿童生来如同一张"白板",那么即是说包括环境在内的广义上的教育在儿童成长中发挥着决定作用。可是,在书中的诸多地方,洛克又反复强调要重视儿童的天性等遗传因素的特质。乍一看来，似乎觉得洛克的主张是矛盾的，不知道他究竟看重的是后天的教育还是先天的遗传。其实，洛克的观点并不矛盾，而且是符合教育科学的基本原理的。教育学研究已证明，影响人一生发展的因素来自于多个方面，其中遗传素质、教育对人的发展发挥着重要的影响作用。由此可见，洛克的主张具有长久的价值。但是，也不得不承认，洛克在阐述观点时缺乏逻辑上的协调。但是，我们也应该能够理解，《教育漫话》是洛克将给朋友的书信整理而成的，因此落笔比较随意，有些地方条理不是很清楚，甚至还有反复啰嗦之处。

第二，应该辩证地看待书中的观点，发掘具有科学性和适用性的教育观点。作者所阐述的绅士教育主张，是面向资产阶级的教育，资产阶级子弟当时只占教育对象的3%-4%左右，必然带有一定的阶级偏见，与后来无产阶级所主张的劳动教育以及我国的社会主义大众教育当然不能同日而语，而且《教育漫话》至今已经有三百多年的时间了，书中的某些具有时代局限性的观点，我们应该辩证地去看待。阅读此书，我们不在于分析其阶级性，而是发掘书中具有科学性与合理性的育儿思想，加深和拓宽我们对儿童教育问题的认识。客观地讲，本书富含的教育思想，是弥足珍贵的。在人才培养目标上，洛克强调培养事业型、开拓型的人才，并且强调人才要德、智、体全面发展，这种人才观对任何时代、任何阶级来说，都是值得学习借鉴的。

洛克编著的《教育漫话》主要是着眼于家庭教育而言的，尽管时隔三百余年，但其思想中所蕴藏的深刻价值却是历久弥坚，尤其是其不拘形式、娓娓道来的叙述方式更有一种润物无声的影响力，比起诸多高谈阔论式的教育研究成果，更容易感染读者。为了便于家长及广大教育工作者更加便捷地领会洛克的主要教育主张，本书对洛克当年仓促整理过但仍不够条理的教育观点进行了又一次的梳理，择其点睛之处，介绍给大家，并在前面配有解析。另外，汉译的几个版本的《教育漫话》，在一定程度上还存在翻译不够准确以及不符合中国人的阅读理解思维习惯之处，本书力争在保留洛克先生本义的前提下，在引用原文时，对几位翻译前辈的成果进行了略微的调整，以期最大程度地满足家长以及广大教育工作者的需要。

本书在介绍洛克教育主张时，宏观上遵循了洛克《教育漫话》中以体育保健、道德教育、知识技能教育加以分别叙述的逻辑顺序，但也有细微调整。如，体罚问题，洛克在多处提及，本书将洛克零散的关于体罚的主张进行了归纳，如关于好奇心、注意力等的培养，原属于道德教育部分的内容，本书将其列入知识技能教育范畴。今日之中国与昔日之英国在时空等方面已不可同日而语，教育（尤其是知识技能教育内容）也随之发生了巨大的变化，本书在节选《教育漫话》相关内容时，也考虑到了本土适应性以及历史性因素，适当删减了一些内容，如知识技能教育部分关于拉丁语的学习、关于文化课的设置、希腊语的学习等。

三　论教育作用与目的意义

　　洛克将人生幸福的状态理解为，健康的精神和健康的身体二者缺一不可。无论是健康的身体还是健康的精神，固然有来自于优良的遗传基因，但十分罕见，对于绝大多数人来说，都是由后天的教育带来的。换言之，人生的成就与幸福主要取决于后天的教育。

　　对于人生幸福状态的一种简洁而充分的描绘是：健康的精神寓于健康的身体。凡是二者都具备之人不必再有其他的奢望了；然而，一个人的身体与精神若有一方面存在缺陷，那么即使功成名就也绝无幸福可言。人们的幸福或痛苦主要取决于自己的选择。心智不全者做事定然找不到正确的途径，纵然有能够身体力行的健康体魄又有何意义！身体衰弱者即使心智健全找到了正确的途径，但不能够身体力行，同样没有意义！本人承认，有些人的身体生来就很强健，无需别人的多少帮助，他们凭借自己的天赋之力，自幼便能日臻完善，并且依靠这与生俱来的优良体质，能够建功立业，创造奇迹，但是，此类人实属罕见。我认为，可以这样说：我们日常所见到的人中，他们是行为端庄或是品质邪恶，是有用或是无能，十分之九都是由他们的教育所决定的。人之所以千差万别，均仰仗教育之功。

　　人们的言谈举止、能力之所以千差万别，较之任何其他事物，教育所起的作用是最大的。[1]

---

[1]　杨汉麟译.教育漫话 (全译注释本) [M].北京：人民教育出版社, 2000.7.

四　论身体健康教育

（一）身体健康的重要意义

《教育漫话》开篇就论及"对于人生幸福状态的一种简洁而充分的描绘是：健康的精神寓于健康的身体"。[1]洛克认为，精神健康是最主要的，但是身体健康是精神健康的前提，身体健康是决定人生幸福的关键因素。洛克还认为，绅士要忍耐劳苦、出人头地，更要强健的体魄。

精神固然是人生的主要部分，我们关切的主要是内心，可是外在的躯壳也不可忽视。所以，我打算由此切入，先讨论身体健康问题，对于这个问题，也许你早已有相当的期望，因为我对于这个问题做过格外的研究，如果我预感不错的话，这个问题涉及的范围有限，很快就可以谈完。

对于我们的工作及人生幸福，健康是何等重要；而一个人为了出类拔萃、功成名就，就必须要忍受艰辛、疲乏，因此对强健体魄提出了很高的要求，其中的道理一目了然，无需证明。

此处我所要讨论的健康问题，并非医生对于有病的或体质衰弱的儿童应该怎样救治；而是说，父母对于儿童原有健康、至少是未曾患病的体格，在不借助于医药的情况下怎样维护与改进。对于这个问题，其实只要短短的一条规则就可以厘清，这就是：绅士们对待儿童应该像诚笃的农夫及殷实的自由民的所作所为一样。[2]

---

[1]　杨汉麟译，教育漫话（全译注释本）[M].北京：人民教育出版社，2000.7
[2]　杨汉麟译，教育漫话（全译注释本）[M].北京：人民教育出版社，2000.8

（二）身体保健的具体方法

1. 不要让儿童过暖，锻炼冷水浴

洛克认为，儿童体弱多病的一个重要原因就是父母过于娇生惯养，类似于中国人讲的"捧在手里怕碰了，含在嘴里怕化了"，这必然导致孩子弱不禁风。洛克举例，父母在冬天总是将孩子穿得严严实实的，反而导致孩子容易伤风感冒，这与中国人讲的"若要小儿安，三分饥与寒"是不谋而合的。所以，在衣着及被褥方面，要宜少不宜多。洛克还指出了锻炼耐寒力的有效措施就是进行冷水浴。除了有人体生理学方面的科学思考，洛克也寄希望于资产阶级贵族子弟有坚韧的毅力和强健的体魄，为资产阶级事业的发展壮大培养合格人才。

我有一种普通而准确的观察，这就是大多数儿童的身体都因娇生惯养及溺爱之故而遭到戕贼，至少也是受到损伤，妇女们尤其应该仔细考虑这个问题。

应该当心的第一件事是：无论冬夏，儿童的穿着都不可过暖。我们出生时，面孔的娇嫩并不在身体其他部分之下，后来由于锻炼，使之能经受风寒。正因为如此，当有个雅典人看见一个锡西厄哲人在霜天雪地中竟然赤身裸体而大惑不解时，锡西厄哲人的回答是颇令人玩味的，他说："冬天寒气袭人，你们的面孔暴露在外，为什么能经受得住呢？"那个雅典人说："我的面孔已经习惯了。"锡西厄哲人说："那么你把我的身体都看作面孔好了。"诚然，只要从小养成习惯，我们的身体的确是能够承受一切的。

在我们这种气候条件下，对于风寒可以不必过虑。在英国，有些人冬夏穿着同一套衣服，但他们并未感到丝毫不变，在冬天也并不比别人有更冷的感觉。如果做母亲的担心让孩子经受冰霜雨雪的考验会使之受到伤害，为人父者则害怕因此受人指责，那么有一点请确信，千万别让孩子的冬服过暖，此外还应记住："自然"已

经用头发将孩子的脑袋严严实实地遮住，又用一两年的时间令其经受锻炼，他在白天玩耍奔跑时固然可以不必戴帽子，晚上最好也不戴；没有什么比把脑袋捂得严严实实更容易引起头痛、伤风、发炎、咳嗽及其他诸种疾病的了。[1]

我主张让他每天用冷水洗脚，他的鞋子应该做得很薄，遇到须踩水时，水可浸入。说到这里，恐怕无论是主妇还是女仆都会反对我。主妇觉得肮脏不堪，女仆害怕洗袜子的麻烦。然而真理却是：孩子的健康较之其他种种考虑都重要，甚至重要百倍。请设想一下吧，那些从小养尊处优的人一旦沾湿了脚，会带来何等麻烦，甚至可能把命搭上，大家那时就会觉得不如和贫民的孩子一道赤脚混大的好；由于从小养成了赤脚习惯，贫苦的孩子即使弄湿了脚，也如同弄湿了手一样，不会伤风，也不会有任何不适。手与脚之间所以有如此之大的差别，请问除了习惯使然外，难道还有别的原因吗？如果有一个人，从出生起就总是习惯于赤脚，而双手则用荷兰人所谓的"手鞋"严严实实地包起来；那么，在这种习俗下，我想，一旦他的手沾了水，必定会和其他多数人打湿了脚一样的危险。预防的措施只能是把他的鞋子做得容易渗进水去，同时坚持天天用冷水洗脚。洗脚除了有清洁的益处外，我所注重的尤在其维持健康的功效。所以关于每天洗脚的时间，我倒并不做硬性规定。我知道有人习惯于每天晚上洗脚，取得极好成效，在三九寒冬时节，也未曾有一日中断，那时水面结了一层厚冰，孩子还是将脚浸到冰水里洗浴，尽管那时孩子年龄尚幼，甚至还不会自己擦拭腿脚，当他开始锻炼时，他总是哭哭啼啼，显得相当娇弱。这样做的主要目的是使儿童养成经常地、习惯性地使用冷水的习惯，增进人体有关部位的功能，免得像那些所谓有教养家庭的孩子，足部偶尔沾了一点水，便要带来许多麻烦。至于洗脚的时间是定在晚上还是白天，我想可以由做父母者酌情而定，以方便为宜。只要能落实洗脚一事，何时洗脚在我看来无关大局。用这种方法获得的健康及强韧，即使花费更大的代价去换取也是划算的。此外，

---

[1] 杨汉麟译.教育漫话（全译注释本）[M].北京：人民教育出版社，2000.8—10.

用冷水洗脚还有防止鸡眼的功效,这对于某些人来说是一桩很有好处的事。不过起初练习时,最好从春天开始,起初用温水,然后每晚把水逐渐调冷,过了若干时日后,你们就可以完全用冷水了,此后不分冬夏,都要坚持照样洗浴。只要我们在这件事以及其他改变我们生活常规的事情上都坚持同样做法,变化都只是慢慢进行,不知不觉地进行,这样,我们就能使自己的身体适应一切外在环境,既不会遭受痛苦,也没有危险。[1]

倘若有人觉得这些成人的例子不适用于儿童,因为儿童的身体太娇弱,无法承受这种锻炼,那么考察一下古代德国人和现代爱尔兰人对儿童的做法吧。他们会发现,即使是他们认为最娇嫩的婴儿都用冷水洗浴,不仅洗脚,还洗全身,而且没有任何危险。现在苏格兰高地的妇女也在冬天用此方法去锻炼她们的孩子并发现,即使是冰水,也未曾对孩子造成伤害。[2]

2. 参加游泳与户外运动

在各种体育运动中,洛克尤其推荐游泳与户外活动。洛克发现,游泳不仅作为一种技能可以使人应付急需,对健康也大有裨益。根据医学理论知识,洛克还特别指出,在运动发热或者血脉处于亢奋状态时,贸然下水是不可以的。洛克鼓励儿童多参加户外活动,不仅说明了户外活动之于身心健康的益处,还从医学的角度指出了户外活动中应该注意的事项。我们的孩子早早地就背上了繁重的课业担子,没有时间参加体育锻炼。去年,《中国青年报》和全国亿万学生阳光体育领导小组办公室在网上对3144人进行了民意测验,有87%的家长愿意让孩子参加阳光体育运动,其中64.9%的家长表示非常愿意,但同时,如果锻炼时间和孩子学习时间冲突,又有65.5%的家长选择放弃锻炼,以学习为先。可以说,我们的体育败给了智育。关于身体健康的意义,何需再多谈什么呢,我们

---

[1] 杨汉麟译. 教育漫话 (全译注释本) [M].北京: 人民教育出版社, 2000.10—11.
[2] 杨汉麟译. 教育漫话 (全译注释本) [M].北京: 人民教育出版社, 2000.13.

还是赶紧来看一看洛克对游泳与户外运动这两项极为有益的锻炼方式的论述吧。

当孩子长到可以学习游泳的年龄而且又有人教他时，他应该学习游泳，这是不必由我在这里多说的。许多人的生命是由于会游泳才得以保全，所以罗马人把掌握游泳技能看得异常重要，甚至将其与文学并列，他们在形容一个人未受到良好教育、百无一用时，喜欢用这样一句谚语："他既不会读书，又不会游泳。"但是，游泳除了使它获得一种技能应付急需之外，又因为在炎夏时节，可以使他常常浸泡在冷水中洗浴，对于健康也大有裨益，对此想必是无须我来提倡了。只有一点应当小心在意，那就是在他运动发热之后，或是血脉处于亢奋状态时，是绝不能贸然下水的。

还有一件事对于每个人尤其是儿童的健康极有好处，这就是要多到户外活动，即使在冬天，也应尽量少烤火。这样，他就习惯于既能忍受寒冷，又不畏惧炎热，既不怕骄阳，也不怵风雨了；若是一个人的身体连冷热晴雨都不能忍受，这样的身体对于他们活在世上又有多大帮助呢？若待他长大成人才去着手培养这一习惯，就会为时过晚。这种习惯要尽早培养，逐步养成。只要这样去做，我们的身体对于任何事情几乎都是可以承受的。

户外游戏只有一种危险，就是他来回奔跑发热后，会坐在乃至躺在寒冷或潮湿的土地上，我承认这种危险，据我所知，当他们劳动或运动发热时，如果喝了冷饮料，比我所知道的其他原因更容易患寒热症或其他疾病，这些疾病曾将许多人送进坟墓，或让他们到鬼门关绕了个圈。不过这种危险很容易防止，只要在他年幼时，随时有人看管。此外，他发热时，不准他坐在地上，不准他喝冷饮料，一旦这种克制的规定形成习惯之后，即使没有了女仆或教师照顾时，他也能自己照顾自己，不出乱子了。[1]

---

[1] 杨汉麟译，教育漫话（全译注释本）[M].北京：人民教育出版社，2000.13—14.

3. 紧身衣有碍优美身材的形塑与身体健康

洛克反对让儿童穿紧身衣,尤其主张衣服的胸口部分要宽松适度。一方面在于,过紧的衣服将会束缚儿童优美身材的形塑,特别对于女孩子来说,洛克认为最佳的塑造形体的方式就是交由自然去处理。另一方面,紧绷的衣服不利于身体健康,可能会导致胸脯狭窄、呼吸困难、肺腔衰弱以及佝偻等。

说到女孩子,一件事浮上我的脑海,大家决不可忘记:这就是,你的孩子的衣服一定不可做得过于紧身,尤其是胸口部分,就让自然按照它所认为的最佳方式去塑造形体吧。自然自己的作为远比我们指导它去做的好得多、精确得多。

狭窄的胸脯、短促且散发异味的呼吸、衰弱的肺腔以及佝偻,是束缚身体及穿紧身服装的必然的、常见的结果。人们原来是想使他们苗条挺拔、身材健美的,结果却适得其反。当为身体上各种器官所预备的营养不能遵循自然的设计去分配时,必然导致身体各个部分的发育失去和谐。其结果是,一旦可能,营养便在身上那些不受挤压的地方堆积,因而经常造就一个异乎寻常的肩膀或臀部,这是不足为奇的。

我们不是常看到有人由于脚部的某一部分被扭伤或遭到击打而受到伤害,致使整个大小腿失去力量与营养,以致萎缩了吗?胸腔是维系生命的心脏的所在地,一旦违背自然地加以压迫,阻碍它正常的扩展,那么由此造成的极大麻烦,岂非可想而知吗?[1]

4. 饮食要科学合理

洛克同样从生理医学的角度阐述了健康饮食与用餐的主张。其一,饮食要

---

[1] 杨汉麟译,教育漫话(全译注释本)[M].北京:人民教育出版社,2000.15—16.

以清淡为宜，尤其是两三岁以前的孩子，应该禁止肉食，少加调料，各种辛辣的调味品以及其他可能导致血脉亢奋的东西，要力求避免，盐与糖都要尽可能少放，洛克同时列出了科学健康的早餐及晚餐食品，如牛奶、奶羹、稀粥等。说到这儿，我想告知各位家长，目前在我们的孩子身上存在的蛀牙、莫名其妙的烦躁不安、摔书毁物、睡眠差、学习成绩下降等很可能都是源于食用了过多的糖分。出于对孩子的宠爱，我们无限地满足其对小食品的需求，导致儿童过多地食用了糖分。目前，全面肥胖儿童糖代谢异常的比例已高达28.26%，糖尿病儿童患病率与过去五年比已经增长了五倍。科学饮食，已成为摆在中国家长面前的重要课题。其二，洛克认为应该尽可能避免固定的进餐时间表，以使肠胃有更灵活的适应能力。其三，洛克主张进餐不宜过饱，尤其是接下来被安排学习的孩子，如果进餐过饱将会影响学习效率。其四，关于饮料的选择以及饮用时间，洛克也有自己独特的观点，很令人耳目一新。

至于他的饮食，应该极其清淡、极其简单，如果要我进言的话，我主张在他年幼尚着童装时，至少两三岁以前，应该禁止肉食。这样做对于他保持健康和增强力量，无论是着眼于当前还是长远考虑，都不无裨益，但是我担心做父母的由于自己接受了多食肉类的不良习俗的误导，难以赞同这一做法。他们会自行其是，越俎代庖，认为他们一天倘若不至少吃两次肉，便会挨饿。我确信，如果一般儿童不像现在这样，被慈爱的母亲及无知的仆人将肚皮填得满满的，三四岁前与肉食完全不沾边，他们年幼时出牙的危险就会大大降低，各种疾病也会退避三舍，而为健康、强壮的体格奠定基础也是确定无疑之事了。

倘若我的少主人一定要吃肉，就让他每天吃一次吧，每次且只可食一种。清淡的牛肉、羊肉以及小牛肉等是首选，可用饥饿去诱发他的食欲，不用任何别的调味品。此外要特别注意的是，他用餐时，不管有无其他食物，都要多吃面包。食物无论多么坚硬，都要让他细嚼慢咽。我们英国人时常对此疏忽，从而导致消化不良及其他更严重的疾病接踵而至。

作为儿童的早餐及晚餐，牛奶、奶羹、稀粥、弗禄麦以及我们英国人习惯制作的其他各种食品，都是非常合适的；要注意的只有一点，就是这些食品都要务求清淡，不必多加调料，尽量少放糖，甚至干脆就不放；尤其是各种辛辣的调味品以及其他可能导致血脉亢奋的东西，都要力求避免。此外，在他的一切食物里，盐不可多放，不可使他习惯于食用味重的肉食。我们的味觉之所以变得嗜好美味佳肴，对于烹饪术情有独钟，全是习惯使然。食品里的盐加得太多，不仅容易使人口渴，饮水过度，而且对于身体还有其他副作用。

至于他的用餐时间，我以为要尽可能避免有固定的进餐时刻表。因为如果习惯使他的进食固定在特定时间，那么如果错过时间，他就会焦虑不安，他的胃不是因亢奋而导致弊端重重的饮食过量，就是因消沉而导致食欲大减。有鉴于此，所以我不主张为他的早餐、中餐、晚餐预设固定进餐时间，我宁可主张他一日三餐的进食时间差不多要每天变化。如果他在三次正餐之间还要进食，可以满足他，一旦他要求时，可以随时提供优质的干面包。如果有人觉得这种饮食对于儿童过于刻薄、吝啬，那么，他们应当知道，一个孩子午餐有肉吃，晚餐有肉汤或诸如此类的食品果腹，此外想吃时还随时有质量上乘的面包与啤酒，他是绝对不会挨饿的，也不至于由于营养不足而变得虚弱，所以经过反复考虑之后，我认为这不失为对待儿童的最佳方法。早晨通常被安排来读书，孩子的胃如被食物充得满满的，是一种不良的准备。干面包虽说营养异常丰富，可是在引起食欲方面却居于末席；凡是关注儿童的精神或肉体，不愿他们变得萎靡不振及健康缺失的人，是不会让他在早餐时把肚皮填得太饱的。

他的饮料只能是淡啤酒，不能在两餐之间饮用，而只能在吃过面包之后去喝。我这样主张的理由如下：

第一，当人浑身燥热时，喝饮料比我所知道的认识别的事情都更容易引起发烧和积食。如果他玩耍得又热又渴，面包自然就难以下咽，如果只允许他在吃过面包之后再喝饮料，他便只好勉强忍耐，不去碰它。须知，在他很热时，他是绝对不能进食饮料的。至少也得先吃一大块面包，以便赢得时间，使啤酒加热到与体温相当，那时饮用才是安全的。如果他真的渴得厉害，啤酒这样热了再喝，其止渴的功效便更大；如果他等不及热了再喝，那么他不喝也没关系。他因此还可以养成克制的习惯，对于身心的健康乃是极为有利的。

第二，他若不先吃面包就不准他喝饮料，这样做又可防止他养成贪杯的习惯。对于良好的友谊，贪杯不啻是一种危险的开端和准备。人们常常依据成规旧俗，使自己养成习惯性的饥渴。只要你愿意尝试，你可以让一个已经断奶的孩子在晚上重新喝奶，甚至他不吃奶便无法入睡。看护们习惯用此方法——就像哼摇篮曲一样——去止住婴儿的啼哭。我相信，做母亲的一般都会发现，把孩子接回家的开始阶段，要让孩子晚上断奶是颇为困难的一件事。你得相信，无论白昼还是黑夜，好饮都是个占据优势的习俗。如果你愿意尝试，你可以有办法使得一个人时时都觉得口渴。[1]

5. 早睡早起，卧床不宜过软

洛克认为，儿童时期养成早睡早起的习惯，待到成年时，就不会将生命中最宝贵的、最有用的时间浪费在昏睡及床褥上。父母在培养儿童早睡早起习惯的过程中，往往会遇到这样一种情况，即儿童夜里与同伴玩耍过久，致使第二天早上难以正点起床。洛克强调，父母一定要按时以低声呼唤、轻轻抚摸的方式将儿童叫醒。洛克自身是一位资深的医生，他对各年龄段儿童的合理睡眠时间也进行了阐述，7岁之前，视儿童的气质、体质而定，7岁之后一般限定在8小时左右就可以了。洛克主张儿童的床铺不宜过软，这样有利于身体健康。为了培养

---

[1]　杨汉麟译，教育漫话（全译注释本）[M].北京：人民教育出版社，2000.16—20.

具有很强适应能力的未来资产阶级绅士,洛克告诫父母,要时常变换儿童床褥的铺设方式,防止一成不变的睡眠环境给儿童养成"择床"的睡眠习惯。

　　在所有各种显得缠绵、温柔的事情中,没有什么比睡眠更易使儿童沉溺其中。在生活起居中,只有睡眠是儿童可以充分享受的,没有什么比睡眠更能增进儿童的生长与健康。唯一应当成为规范的是,一天24小时之间,究竟哪一部分应当作为他们的睡眠之用,这一问题不难解决,正如常言道:"早起成习惯,受益无穷多。"如果早起形成习惯,对健康极为有益。一个人若从童年起就养成及时起床的习惯,并驾轻就熟,游刃有余,那么至他成年之后,他就不会将生命中最宝贵、最有用的时间浪费在昏睡及床褥上了。如果儿童必须早起,自然便得早睡,其结果可使他们养成一种习惯,不去涉足那种不健康、不安全的放荡的夜生活,凡是正常安排生活的人很少因放荡淫逸而招致责难。

　　我虽然主张儿童年幼时应多睡眠,甚至睡多久可悉听尊便,但我的本意并非说他们长大一些后还应总是这么在床上耗费大好光阴,沉溺于被褥,懒睡不起。不过限制他们睡眠的时间究竟应该从7岁起、10岁起,还是从别的年龄起,难于精确规定。在作出有关决定时,应该考虑他们的气质、力量和体质。不过若是到了7-14岁之间,他们还是喜欢贪睡,我想那时着手将他们的睡眠时间逐渐减少到每天8小时左右是适宜的。多数儿童因为晚上想与伙伴同乐,减少了睡眠时间,如果无人监管,他们也许会在清晨去弥补夜晚的损失,但这是绝对不能容许的。每天一早都应有人将其唤起,但是唤醒他们时一定要极为小心,避免仓促行事,不可大声或尖声叫唤,也不可使用其他突然发出的巨响,这些会使儿童受到惊吓,从而使他们受到巨大伤害。睡眠正酣时,忽然这样被人惊醒,无论是谁都会感到烦躁不安的。当从睡梦中唤醒儿童时,一定要先是低声呼唤,轻轻抚摸,使之逐渐清醒,对他们只能使用温和的言语和惯常的做法,直到他们神志恢复,穿好衣服,你才能确信,他们是完全清醒了。如果勒令他们清醒,那么无论你的动作如何舒缓,也会使他们感到痛苦,此外还要注意的是,不可使他们遭受任何其他苦恼的困惑,尤其是使之恐惧一类的事情。

让他的卧床坚硬些,铺设可用棉絮,而不是羽绒。硬床可以锻炼身体,然而如果每夜被羽绒被褥包裹,则会融骨伤体,不啻为虚弱之因,短寿之源。结石病的起因常常就是由于腰部包裹过暖所致,此外还有许多别的不适,以及疾病之源的身体孱弱,大都可归咎于羽绒被褥。凡是在家里面睡惯了硬床的人,到国外旅行时便不至于由于床褥不软和枕头没铺好,而有失眠之苦——须知,旅行时睡眠乃是最重要的。所以我主张要常常用不同的方式去铺设他的枕衾,有时可以让他的头垫高一点,有时不妨睡低一点的枕头,使他不至于感觉到每一细小的变化,而这样的变化他必定会遇到,须知,他并不能注定总是睡在家里的少主人的床上,可以吩咐女仆给他刻板地铺好一切,在温暖中进入梦乡。自然给予人们的甘露是睡眠,与之失之交臂便会遭受痛苦,对于这种甘露,凡是只能在母亲的精美的金杯中去畅饮,而不能在粗糙的木盘中品尝的人,就是不幸之至之人。能够甜睡的人就能饮到这种甘露,至于下榻之处是柔软的床褥还是坚硬的铺板,那都无关紧要。唯一必要的事情就是睡眠而已。[1]

6. 养成按时排便的习惯

2009年,我国著名内科医生江国生根据自己多年的医学研究和临床经验,写了《生命五要素——吃喝拉撒睡》一书,指出,吃喝拉撒睡是人与生俱来的生理本能,同时也是身体传达给我们的信号,通过观察吃喝拉撒睡的不良习惯和不正常反应,我们就可以窥知身体的早期疾病信号。在前面,洛克已经就饮食、睡眠问题进行了详细的陈述,这里,他又对排便问题、尤其是儿童便秘的危害以及如何科学地选择排便时间、养成按时的排便习惯进行了细致的介绍。当今

[1] 杨汉麟译,教育漫话 (全译注释本) [M].北京: 人民教育出版社, 2000.22-24.

儿童,尤其是幼儿,便秘现象普遍存在,很多家长煞费苦心,甚至盲目地服用泻药,不但没有治愈便秘疾病,反而带来了诸多隐患。

此外,还有一件与健康攸关之事,就是按时排便。大便过频之人很少有过强健的思维和身体。对此,相应的治疗措施可从饮食与药物两方面着手,比起便秘来这毛病容易医治得多,无需过多关注。因为如果它存在威胁的话,无论是来势汹汹,或是旷日持久,必然会迅速请医生瞧治,有时甚至就医太急。如果症状不重,为时不久,通常最好的办法就是顺其自然。与此相反,便秘亦有害处,医生诊治起来却要困难得多,泻药虽在表面上可给予安慰,实际上却是病情加重,而不是祛除毛病。

对于便秘这种毛病,我认为更有理由来加以讨论,且从书本上寻找不到医治的方法,所以设法动脑来解决,深信只要我们能遵循正确的途径,采取合理的步骤,便秘问题是可以解决的。

第一,我认为大便是人体某些部分运动的结果,尤其是肠道蠕动的结果。

第二,我认为某些并非完全随意的动作,通过应用于长期练习,只要持之以恒,坚持不懈,假以时日,它们都是可以成为习惯的。

第三,根据我对一些人的观察,他们只要在晚餐后吸一管烟,再去方便,排泄就非难事了。于是,我自己便首先产生怀疑,感到他们之所以得到自然的垂青,恐怕是基于习惯者多,而由于烟草者少,充其量即使真是由于烟草之故,我想也是由于烟草激起了肠道的迅速运动,而不是因为烟草具有通便的力量,否则它便必定还有其他的功效。

第四,于是我便设想,倘若一个人在早晨首次进食后,立刻便去向自然乞求,尝试出恭,不管他是否可控制自己达到排便的目的,通过长期练习,行之既久,他就可以养成早起排便的习惯了。[1]

---

[1] 杨汉麟译.教育漫话(全译注释本)[M].北京:人民教育出版社,2000.24—25.

7. 避免动辄服药

中国人滥用抗生素已经引起了国际的广泛关注。瑞典传染病控制研究所的安德里亚斯·赫迪尼说："我们通过对中国某些医院的大量数据的研究显示，抗生素的抗药性增长很快，医疗多项选择将不再存在，中国医生对此很忧虑。如果蔓延到全球，我们很可能重返前抗生素时代。同时，抗生素也污染了当地的食物链。"[1]中国有句俗语叫做"是药三分毒"，任何药物都会对身体产生一定的副作用，以药医病就是以毒攻毒。最早由西医研发的抗生素，不仅副作用多，而且还会使身体产生一定的抗药性，严重的还会导致超级细菌、超级病毒的产生。对于广大的中国家长来说，也许已经或多或少地认识到这个问题，但是，出于对孩子的心疼与担忧，当孩子生病时，还是会迫不及待地选择使用抗生素，前段时间新闻讲的"父母带儿子回国打点滴"是对当今中国父母一个真实的写照与深刻的讽刺。洛克是一名医生，但是他与当今唯利是图的医生相比，他更为人道和负责，向我们讲述了对待孩子患病问题的科学态度。

大家对我也许有一种期待，以为我会提供一点关于药物的意见，用以预防疾病。对于这种期盼，我只有一点可说，希望大家严格遵守：决不可让儿童服用任何药物去预防疾病。倘若大家能够听从这一建议，其功效会远胜过女士们的食物、饮料或药商们的药物。你决不可按照那种方式去干预，自作聪明，否则不仅不能预防疾病，反而会引来麻烦。儿童有点小恙，不用动辄服药、请医生；尤其是万一青睐的医生是个多事之徒，他立刻就会在病者的窗台上摆满药瓶、药罐，胃里塞满药丸。其实，与其将孩子交给一个胡乱处置的人，或是一个认为儿童的一般毛病可用除了食物之外的任何东西医治好，或是相信与此类似方法的人，还不如完全任其自然来得安全。无论是从理智或经验考量，我都觉得儿童的娇嫩的身体应尽量少加摆布，除非是在某些个案确实需要，绝对必须的情况下，才另当别论。[2]

---

[1] 　中国人滥用抗生素引国际关注[N].深圳晚报，2010—2—10 (A15)．
[2] 　杨汉麟译，教育漫话 (全译注释本) [M].北京：人民教育出版社，2000.27.

五　论道德教育

(一) 道德教育的意义

有了健康的身体作为前提, 如果再有健康的精神, 那么人生简介而充分的幸福状态画面就描绘出来了。健康的精神, 指的是良好的道德修养。洛克用了更多的笔墨去陈述他的道德教育主张, 可见, 洛克对人之德行修养的高度重视。洛克指出, 良好的道德修养及行为习惯要及早培养, 因为这足以影响他以后的人生。

在一个人或一个绅士应具备的各种品性之中, 我将德行放在首位, 视之为最必须的品性。他要有存在的价值、受到尊敬、被他人接受或容忍, 德行乃是绝对不可缺少的。缺乏德行, 无论是在阳世还是阴间, 我认为都是毫无幸福可言。[1]

要格外重视儿童的精神的形成, 而且须及早形成, 这足以影响他们今后一生的生活。因为他们做事或好或坏, 随之而来的赞扬或责备便会与其所受的教育相联系。他们如果在某件事上出了差错, 人们便要批评, 声称那样的结果是符合其所受的教养的。[2]

---

[1]　杨汉麟译, 教育漫话 (全译注释本) [M].北京: 人民教育出版社, 2000.128.
[2]　杨汉麟译, 教育漫话 (全译注释本) [M].北京: 人民教育出版社, 2000.2.

（二）道德教育的基本原则与方法

1. 及早通过练习来养成良好习惯

洛克非常重视早期教育的作用。他指出："在我们幼年时期形成的微小的甚至察觉不到的印象，都将产生非常重要的、持久的后果"。他把早期教育比作河流的源头，来说明幼儿时期道德品质的形成要比成年以后容易而且持久，他说："这犹如一些河流的源头，人们只需要用上一点点力气就可以把这些灵活的水源引到其他的渠道上去，使他们完全改变方向。"在洛克看来，幼儿时期道德品质的形成对整个人生具有重要的影响。可现实中，父母恰恰忽视对儿童早期良好习惯的培养，小时候的溺爱、娇宠酿成了后来的刚愎倔强、恣意妄为，想铲除已经为时太晚，所以务必及早养成良好习惯。如何在幼儿期培养他们的良好习惯，洛克也总结了一套行之有效的办法。洛克认为，幼儿心智水平的发展还有限，父母切忌给他们讲述大量的规则的教训，因为他们根本记不住，父母应该让他们通过反复的行为练习来逐渐形成行为习惯。洛克的这一主张和我国南宋时期朱熹的观点是一致的，朱熹认为："小学者，学其事"，"教之以洒扫、应对、进退之节"。[1]习惯一旦养成，做起事来轻便又自然，无须再借助记忆，会收到事半功倍的效果。

父母爱护自己的子女，固然是其职责，但是他们常常连子女的过失都呵护有加。诚然，对子女的行为不宜横加干涉，应当允许他们在各项事务上运用自己的意志，而且由于孩子年龄尚幼，他们也不会做出太出格的坏事，所以做父母的总觉得可以放纵子女的过失而无危险，他们以为孩子任性地嬉戏打闹是孩子纯真的童年的表现。但是，对于一个溺爱子女、对其恶作剧不去纠正、一味原谅并认为那是无

---

[1]　转引自王凌皓.中外教育史[M].长春：东北师范大学出版社，2002.153.

关紧要的小事的父母，卢梭答复得好："不错，但是习惯却是一件大事啊！"

　　被溺爱、娇宠惯了的孩子必然学会打人及骂人，必定会哭闹着索要他想得到的东西，必定会悍然去做他一心想做的事情。这样一来，由于父母迎合迁就、溺爱娇惯之故，在孩子幼小的时候破坏了自然的法则，他们自己在泉水的源头播撒了毒药，日后亲自喝到苦水，却又感到大惑不解。因为他们的孩子长大后，这种种恶习如影相随，那时孩子已长大，他们的父母不能再将他们当作万物逗乐了，于是他们就开始埋怨，说孩子太刚愎倔强、恣意妄为，那时他们才恼怒地看到孩子的人性执拗，被他们的种种邪恶气质劣行所困扰，然而这些缺点都是他们亲自注入、养成的，直到那时，他们才愿意铲除他们亲手种植的杂草，然而杂草已经根深蒂固了，想铲除已经为时太晚。既然在他还在着童装时就惯于颐指气使，支配一切，现在他马上穿马裤了，他仍旧希望随心所欲，我们又为什么感到惊讶呢？毋庸置疑的是，随着他越来越接近成年，他的错误也越来越显著，以致很少有父母能视而不见，也极少有做父母的麻木不仁而对自己放纵的后果毫无所察。孩子在还不会说话、不会行走之前，就已在对女仆吆三喝四了；刚刚牙牙学语，父母就受他谴责了。如今他已长大成人，比以前更加强壮、聪明了，为什么现在突然之间要受到约束和控制呢？为什么他在7岁、14岁或是20岁的时候，必须要丧失父母曾经一直大量允许他享有的特权呢？你不妨用一条狗、一匹马或是任何其他一个动物进行试验，观察它们幼小时学会的鬼蜮伎俩，长大后是否会轻易除去。

　　我们对待小动物的办法通常相当聪明。我们知道，为了使之成为有用的动物，或适用于某种用途，必须及时训练。我们惟有对于自己的后代，在这一点上疏忽大意。我们将其变成了劣迹斑斑的顽童，却又愚蠢地希望他们长成谦谦君子。因为如果儿童想吃葡萄或糖球的念头一旦产生，我们为了不让可怜的孩子哭泣或不快，就让他如愿以偿。那么，为什么一旦他长大成人，他想喝喝酒、玩玩女人，却不可以如愿以偿呢？作为心仪之物，喝酒、玩女人对于一个年龄较大的人来说，与他年幼时哭泣追求的东西之合乎孩子的倾向，并没有区别。处在各种年龄段的人具有各种不同的欲望喜好，这并非错误，但如果不能使欲望接受理性的规范与约束就是问题了。其中的区别不在有无欲望，而在有无控制欲望的能力与克制自己某种欲望的功夫。凡是小时候不习惯于使自己的理性服从他人理性的人，一旦长大，到了自己能运用理性时，他也很少会去倾听或服从自己的理性。这类儿童会成为哪一类，其实不难预见。[1]

因此凡是有心管教子女的人，应该在子女极小的时候早早开始管教。而且还要看清楚，他们是否完全服从父母的意志。你想使你的儿子过了童年后仍旧服从你吗？那么，必须在他刚刚知道服从、知道自己置身于谁的权威之下时起就立刻树立起做父亲的权威。如果你希望他敬畏你，你便应在他的婴儿期打下印记，当他越来越接近成年时，你则应该采取越来越亲切的态度去对待他。这样一来，他小时候是你的一个顺从的臣仆——这是那时合适的身份，长大后又成为你的一位贴心朋友了。

子女年幼时，应该视父母为君主，即具有绝对权力的统治者，以这样的方式去敬畏父母，而一旦到了成熟的年龄，则应当视父母为他们最好的、唯一可信赖的朋友，以这样的方式去热爱与尊敬他们。我提到的这个观点，如果大家认为不错，就是达到这种目的唯一途径。子女一旦长大，我们便应该将他们视为与自己一样的人，他们就有与我们一样的情感、一样的欲望。我们希望别人将自己看作是具有理性的动物，享有我们的自由，我们不愿意处在时时受到他人斥责、恫吓的环境中，因为感到不安。我们与人交谈时，也不愿意受到他人的奚落与冷遇。无论哪个人受到这种对待，他便会去另找伙伴，再觅知音，进行另外的交谈，以期精神上的怡然自得。倘若儿童从襁褓时起就被严格管教，成为习惯，他们小时候便会驯良本分、安静随和、服从管教，因为除此之外，他们不知有其他的反应方式。倘若他们年龄

---

[1]　杨汉麟译.教育漫话（全译注释本）[M].北京：人民教育出版社，2000.30—32.

渐长，能够运用理智之后，管束上就要放松，父亲变得更加和颜悦色，父子间的距离日趋减少。那时，父亲以前的管教反而可增加他们对父亲的热爱，因为他们懂得了以往的管教本质上是一种善意，是一种关怀，是为了使他们值得受到父母的恩惠及旁人的尊重。[1]

父母如能在子女记住最初印象前就坚定地使其意志变得谦和顺从，就可以使这些品质后来显露时看起来如此自然，就好像是天性一样，足以预防任何情况下的纷争与怨恨。唯一须留意的是要尽早着手，不能有丝毫通融，务必使敬畏父母之心变得熟悉，他们的表情在服从时要没有任何勉强，他们的精神也要准备臣服。这种恭顺的心理必须及早培养，否则势必劳神费力才能改正，耽误越久，耗费越多。即使儿童仍存有各种不轨之心，只要不致滥用，当他们长大成人，不必借助鞭挞、呵斥或其他严厉的惩罚，凭借上述小时养成的品质，就可以约束得住。[2]

现在我有机会提一件我认为是普通教育方法上的错误做法：这就是令儿童时时记住许多规则和教训，对于那些规则和教训，他们常常并不明白其中的含义，总是左耳进右耳出。其实，如果你希望儿童应做某事，或是做某事时应换个做法，结果儿童还是忘了去做，或是做得不好，你就应当令他们反复去做，直到做得渐趋完美，采用这种办法有两层好处：

第一，你可以借此知道某件事情儿童是否能做，是否应当指望儿童去做。因为有时我们吩咐儿童去做某事，直至试过之后，方知他们并无做好那些事情的能力，事先还需加以教导和练习才行。

第二，这种办法还有一个好处，就是一种动作经过多次练习可以在儿童身上变成习惯，那时儿童的行动便不再看记忆与思考，而是一种自然而然的表现。须知，记忆与思考是深谋远虑与成熟的伴随物，而不是童年的伴随物。譬如有人向一个绅士敬礼，他应鞠躬回答，有人向他说话，他应注视对方的面孔，因为时时应用

[1] 杨汉麟译，教育漫话（全译注释本）[M].北京：人民教育出版社，2000.36—37.
[2] 杨汉麟译，教育漫话（全译注释本）[M].北京：人民教育出版社，2000.38.

的缘故，这种习惯就像一件与呼吸空气一样自然的事情，用不着思索，也无需考虑。你用这种方法把儿童的任何过失矫正之后，那过失便算是永远改正了。这样一件一件地改正下去，你便可以根除他的全部过失，在他身上种下你所喜爱的任何习惯的苗木。

我知道有些做父母的人，将大堆的规则加在儿童身上，可是可怜的孩子连那些规则的十分之一都记不住，更遑论去执行了。可是一旦他们违犯了这众多繁杂的、不恰当的规则，呵斥与鞭挞便会接踵而至。由于儿童的注意力分散，记不住大人所说的一切，因此自然而来的后果是，他们知道自己很难做到不违背成人的清规戒律，从而招致谴责，于是对他们来说异常明显的事实就是：不去理会各种条条框框。

所以，你对孩子所定的规则应该愈少愈好，乃至比表面看去似乎绝对不可缺少的还要少。因为如果你的规则太多，使他无法消受，结果不外乎两种，其一是，孩子必定时时受罚，而惩罚过多，结果肯定不佳；其次是，孩子违犯某些规则后，你若不加以处罚，他们势必轻视有关规则，而你在他心目中的威信也就随之降低。故规则应该少定，一旦定下，便须严格遵守。对于儿童而言，小小的年龄只需少少的规则，待他年龄渐长，当一种规则经过练习，奠定基础之后，方可再去增加另外一种规则。

但是，请你务必记住，儿童绝非用规则就可以教好，规则迟早是会被他们忘掉的。倘若你感到他们有什么必做之事，你便应该利用一切机会，甚至在可能的时候创造机会，为他们提供一种不可缺少的练习，使之在他们身上固定。这样就可以使他们养成一种习惯，有关习惯一旦培养成功，便无需借助记忆，轻易自然地就能发生作用了。不过在这里请允许我提供两点忠告：

第一，你若要他们通过练习去培养你希望在他们身上形成的某种习惯，最好和颜悦色地去进行劝导与提醒，不可疾言厉色地责备，仿佛他们是有意违抗。

第二，还需注意的一件事是不可同时培养太多习惯，以免花样太多，让他们不知所措，结果反而一事无成。要等到某一习惯经过经常的练习，变得轻松自然，儿童做来不假思索时，你才可以再去培养另外一种习惯。

这种在教师的监视下，通过反复练习，即同样行为反复操作，以期养成良好的做事习惯，而非死记规则的方法，无论从哪个方面考察，都有诸多优点，可是过去竟这样被人忽视，我实在觉得费解。[1]

2. 训练儿童以理性克制欲望

洛克把人界定为有理性的动物，他说："所谓人，只是说他是一个有形体、有理性的动物"、"在我看来，所谓人格就是有理想、有智慧的一种东西，它有理性、能反省"。因此，培养人的理性就成为一个重要的教育任务。但是，人在根本上又是一种动物，追求欲望的满足是人的又一重要属性。洛克认为，一切德行与美善有一根本原则，那就是当欲望得不到理性认同的时候能够以理性来克制欲望，所以要及早训练儿童以理性克制欲望的能力。洛克指出，这种克制的习惯一旦养成，对于他们不再处于女仆或家庭教师的监视之下时，仍能保持良好的行为，是大有裨益的。

一切德行与美善的原则在于，当欲望得不到理性认同时，我们需要具有克制自身欲望的能力。这种能力的获得及提高要依靠习惯，而使之轻松、熟练地发挥则依靠早期实践。倘若我的话有人相信，我建议与常规背道而驰，儿童自呱呱坠地时起就应该让他习惯于克制自己的欲望，做事行动时不要对自己的欲望念念不忘。他们应该明白的第一件事是，他们之所以得到某样东西，并非那件东西博得他们青睐，而是因为他们适合获得。如果只提供给他们所需之物，他们就绝不会哭闹着祈求得到别的什么东西，他们就能学会即使在愿望未得到充分满足时也不贪心，

[1] 杨汉麟译，教育漫话（全译注释本）[M].北京：人民教育出版社，2000.48—49.

就决不会利用大吵大闹、死缠硬磨的手段去争夺支配权。目前常见的此类儿童的一般情形——于人于己鸡犬不宁的景象，何止会降低一半的烈度，因为他们从最初开始就未曾这样被人对待过。倘若他们从未因表达了自己对某物的强烈欲望而使自己的心愿得到满足，他们就不会哭闹着要求什么，正如他们不会哭闹着去要天上的月亮一样。

我的意思并不是说，儿童在任何事情上都一点也不能放肆。我知道，儿童毕竟是儿童，他们应该受到善待，他们应该嬉戏，应该享有玩具。我的意思只是说，儿童向往的道德东西，或是想去做的事，如果对他们并不合适，我们就决不可因为体谅他们年幼，或是他们喜欢，便慨然答应。恰恰相反，无论他们怎样急切、纠缠不休，他们必须明白，只要纠缠，他们就要遭到拒绝。我曾见过一些儿童，进餐时只吃自己分得的一份就心满意足了，无论周围有什么食品，决不去索取。我在其他地方也见过另一类儿童，他们无论见到什么东西都哭闹着要得到，每样菜他们都要尝到，而且还得是第一个举刀叉的。是什么原因导致两类儿童的天壤之别呢？原因不就是后者惯于获得所要求的或哭闹着要求得到的事物，而前者从未有过此类经验吗？我认为，儿童的年龄越小，则其蛮横、违反秩序的欲望宜越少予以满足；儿童自己的理性越少，就越应该置身于管理者的绝对权力之下，并受到权威的约束。因此，我认为只有明智谨慎的人才可以与儿童朝夕相处，陪伴周围。如果世间通行的做法与此相悖，我也无可奈何。我现在所说的是我所认为的应该的做法，倘若这种做法早已通行，那么，我根本无需再将此话题大做文章，骚扰世人。但我毫不怀疑，世上必定还会有与我同感的人，认为对儿童的这种管教开始越早，儿童就会更加安乐，儿童的教师也必定如此。还有一条务必遵守、不可违背的格言是："儿童所求凡遭拒，撒泼哭闹不可得。"除非你存心要教他们变得缺乏耐心，令人生厌，才会在他们哭闹时，用满足欲望去给予奖励。[1]

---

[1]　杨汉麟译, 教育漫话 (全译注释本) [M].北京: 人民教育出版社, 2000.34—36.

凡是不能控制自己的嗜好、不知听从理智的指导来摒弃眼前的快乐或受痛苦纠缠的人,他就缺乏德行与勤勉的真正原则,就有流于百无一用的危险。这种习性与他们未受指导的天性相悖,故应及时培养。此外,这种习惯又是未来的能力与幸福的真正基础,故只要可能,应尽早注入他们的心灵,在儿童知书明理的第一个黎明起就要着手,凡是对儿童的教育负有责任的人,都应殚精竭虑,在他们身上形成这种习惯。[1]

3. 反对体罚,培养荣辱观念

体罚是使儿童身体遭受痛苦、损害其身心健康的惩罚。惩戒则是通过对不合规范的行为施以否定性的制裁,从而避免其再次发生。洛克是反对惩罚、重视惩戒的。洛克认为,儿童之所以惧怕体罚,往往只是爱好更大的肌体的快乐,惧怕更大的肌体的痛苦而已,并不能起到很好的教育效果。洛克指出,若是羞于做错了事情的心理不比惧怕痛苦的心理来得重,那是没有什么好处的。如果过多使用体罚,他们的精神便会遭到严重压制乃至损害,他们便会失去活力与勤奋,洛克认为这种情形较放任儿童的弊端有过之而无不及,不但不能达到理想的教育效果,反而事与愿违。洛克发现,尊重与羞辱的心理对于儿童来说是最有力量的刺激,如果能做到使儿童爱好名誉、惧怕羞辱,就掌握了教育的真正原则,这个原则会使他们走上正轨,永远发生作用。洛克就此提出了一系列具体的操作方法,比如,斥责儿童应在私底下进行,不要当众宣布儿童的过失,会使儿童无地自容;赞扬儿童则应该公开进行,以扩大奖励的效果。

洛克认为,既然人是有理性的动物,就要说理、以理服人。对于儿童来说,他们喜欢被人看作有理性的动物,其时间比我们想象的还早,这也是洛克反对体罚的又一重要原因,他认为,讲理是对付儿童的真正办法。但是,洛克所说的

────────

[1] 杨汉麟译. 教育漫话(全译注释本)[M].北京:人民教育出版社,2000.39.

说理，并不是长篇大论、哲学式的说理，这会让他们觉得眼花缭乱，起不到教育的作用。洛克主张的是适合幼儿能力和理解力的说理，是浅显易懂，与他们的思维水平相当，以及那些能够被他们感觉到和触及到的东西，倘若还能考虑到他们的年龄、性情和喜好，那便不再缺少足以说服他们的动力了。教育者以理性来教育儿童，他们还会体验到被尊重的感觉，对他们来说，发现被人尊重和看重是很快乐的，尤其是被父母和那些他们信赖的人尊重和看重时，更是如此。

　　我曾多次提到，在对待孩子时，要用严厉之手来掌控，也许有人怀疑我并未充分从儿童稚嫩的年龄与柔弱的身体去考虑他们应受到的待遇。但你只要听我把话说下去，这种误解便会消除。因为我非常清楚，严酷的惩罚益处很少，不，或许应该说它在教育上的害处颇大，并且我也相信，受罚最重的儿童，很少能成为优秀人才。迄今为止，我所声称的只是说，无论需要何种严厉的管理，儿童的年龄越小越要多用，一旦运用恰当，获得效果之后，便应放松，改为比较温和的管教方式。[1]

　　另一方面，如果儿童的心理被束缚过紧，导致颓唐；如果他们由于受到过分严格的管束，精神遭到严重压制乃至损害，他们便会失去活力与勤奋，这种情形较前者的弊端有过之而无不及。因为放荡的青年，通常显得生气勃勃，精神饱满，一旦走上正轨，常常可变成能干、杰出的人物。心情沮丧的儿童则不然，他们显得胆怯、驯良，唯唯诺诺、郁郁寡欢，很不容易振作，这种人也极难获得任何成就。若要避免上述两方面的任何一种危险，都需要高超的艺术；倘若谁能寻觅到一种方法，既使儿童的精神保持舒畅、活泼、自由，又使他能抑制自己对于诸多事物的欲望，而去接受那些对他来说并非安易的事物，那么，我要说，依据本人的意见，此君便能调和这些表面的矛盾，并懂得了教育的真正秘诀。[2]

　　这种奴隶似的纪律造就的也是奴隶似的性格。一旦教鞭高悬，出于对它的畏惧，儿童会顺从，佯装听话。可是，一旦教鞭收起，逃脱了大人的监管，知道无处罚

---

[1]　杨汉麟译，教育漫话 (全译注释本) [M].北京: 人民教育出版社, 2000.38.
[2]　杨汉麟译，教育漫话 (全译注释本) [M].北京: 人民教育出版社, 2000.39.

之虞时，他便会更加放任自己的天性，这种倾向完全不会因此而有所收敛，恰恰相反，会在他身上潜滋暗长，不断强化。经过这种约束后，一旦爆发，更加来势汹汹，诸如此类，不一而足。

倘若管教的严厉程度达到极致，可以治好青年目前任性的缺点，但由于精神遭到戕害，接踵而至的常常是更为恶劣、更为危险的毛病，那时，你便算是在一个放荡不羁、我行我素的恶少的位子上置换了一个唯唯诺诺、颓丧消沉的懦夫，他的违反本性的拘谨状态或许可以取悦不明事理的人，这些人喜欢驯良死板的儿童，因为这种儿童既不吵闹，也不会使人感受到任何麻烦。然而说到底，这种儿童可能不会令他的朋友感到舒坦，就其发展态势而言，这种儿童的整个一生，无论对他自己还是对别人，都毫无用处可言。[1]

我们用以使儿童遵守秩序的奖励完全属于另类，它们具有一种力量，以至只要我们使之运作起来，便大功告成，苦难亦不复存在。儿童一旦领略到尊重与耻辱的含义，对于他们的心理，二者便是所有因素中最为有力的刺激物。如果你能使儿童爱好信誉，知道耻辱，你就使他们掌握了一个真正的原则，该原则将长期发挥效能，并使他们走上正轨。但也许有人会问：这种事是怎样发生的呢？我承认，这件事最初看去并非没有困难，但我认为仍值得我们去寻找达到这种目的的方法，一旦找到，还要付诸实践，我将此视为教育的一大秘诀。

第一，儿童对于称赞与奖励，也许比我们所想到的还要早一些，是极其敏感的。他们感到被别人称赞或得到好评，尤其是被父母及自己依赖的人看得起，是一种快乐。所以做父亲若要看到子女行为端庄，便予以爱抚及赞扬，若看见子女行为不轨，便显出冷若冰霜及不屑理会的神色。同时，母亲及儿童周边的人也都用同样的态度去对待他们，这样，无需多久，儿童就会感到其中的差异，这种方法如能坚持贯彻下去，我毫不怀疑其功效一定比威胁或鞭挞要大得多。威胁与鞭挞一旦

[1] 杨汉麟译，教育漫话（全译注释本）[M].北京：人民教育出版社，2000.41.

用得太多就会丧失震慑力，当羞耻之心未随之产生，就毫无用处，因此，除了以后所说的万不得已的情形以外，是应该禁止，绝不采用的。

第二，为使儿童更加深切地感到尊重与屈辱的力度并使这种感觉增效，当儿童处于被人尊敬或被人羞辱的境地，其他各种令人愉悦或令人生厌的事物应该与有关状态如影相随，联袂而至。这并非是对他们这种或那种行为的特殊奖励或惩罚，而是因为其行为举止值得受到尊重或被人奚落的永远必然的相应的结果。用这种方法对待儿童，他们就会最大程度地明白，凡是行为端庄、受人尊重的人，必定为人人所喜欢、所珍爱，其结果是，他们可得到种种可爱的东西，与此相反，任何人若行为不端、不讲诚信，他就不可避免地要遭受其他人的冷遇与轻视，其结果是，凡是使他满足和喜爱的东西，他全都不能得到。采用此法，从一开始就使儿童得到一种稳定的经验，知道他们心仪之物是促进德行的，只有名誉良好的人才能得到、才能享受。如果你能利用这种方法使他们犯了过错而知道羞耻，使他们乐于被人交口称赞，你就可以随意地支配他们，他们也就会爱上一切德行。

所以，频繁发生的鞭挞与呵斥应谨慎地予以避免。因为这种惩罚的方法，除了使儿童对于带给他们不幸的行为产生一种羞耻与憎恶的心思之外，绝不会再有别的益处。如果惩罚最主要的部分不是令他们有犯错误的感觉，以及担心自己会因此招致最亲密朋友的憎恶，则鞭挞所产生的痛苦只能是一种不完善的治疗。它只是看起来弥合了目前的创伤，使伤口蒙上一层表皮，但并未触及痛楚的核心。只有发自内心的羞耻心和不愿令人厌恶的畏惧心，方可称作一种真正的约束。只有这两种力量堪称掌握人之行为的缰索，使儿童秩序井然。但是，在体罚频频光顾之处，会使儿童的羞耻心泯灭殆尽，体罚必然会失去上述那种效力。儿童身上的羞耻心与妇女身上的贤惠品质一样，不能够时时被人侵犯却仍然保持下去。如果父母把子女鞭挞几下之后，不快的神情很快恢复，那么他们早先的动怒将变得毫无意义，儿童从鞭挞所得到的教训立刻得到充分的补偿。做父母的应该考虑清楚，看子女的哪些过失才值得他们生气,可是一旦生气,实施了某种程度的惩罚之后,他们就不应该立刻从体罚的威慑中抽身而退,而应该设法克服困难,恢复子女原有的美德,一直要等子女改悔,比平时表现更好,并补偿了所犯的错误,才与之完全妥协。倘若惩罚用得太多,变成了家常便饭,便会完全丧失效力。儿童犯了错误,你便加以惩罚,惩罚之后,又去予以原谅,结果他们便把这种转换看成昼夜交替那样的合乎自然之事了。[1]

在儿童犯有过失时,斥责和呵斥有时难以避免,但这样做时不但用语应该严肃认真,不受情绪支配,而且应当背着别人私下进行。至于儿童受到赞扬时,则应当着众人去给予。儿童受到赞扬之后,经过大家一番传播,则奖励的意义就要翻番。而父母只在私下揭露子女的过错,子女对于自己的名誉就会愈加珍惜,他们觉得自己是有名誉的人,因而会更加小心地去维护别人对于自己的好评。倘若你在大庭广众中宣布他们的过失,使其无地自容,他们便会灰心丧气,致使钳制他们行为的工具都化为乌有,他们越是感到自己的名誉遭受了打击,则他们设法维持别人好评的心愿就会愈加淡薄。

倘若父母已在儿童心目中树立了真正的威信,那么,即使有时儿童嬉戏过于吵闹,或者不合时宜,或者不适于与某些儿童为伍,那么,只要父母发一句话,或使一个眼色,就可以使他们走开或安静下来。但是,这种好玩好闹的秉性,原是自然根据儿童的年龄与性情所作的聪敏安排,本应加以鼓励,借以提高他们的兴致,并借此增进其力量与健康,阻止和约束则大可不必,我们教导儿童的主要技巧是把儿童该做的事业都变成一种运动及游戏。[2]

由于儿童很少通过鞭挞来纠正错误,所以我感到,斥责过多,尤其是盛怒之下的呵斥,其结果几乎也和体罚是同样的败笔,它会降低父母在孩子心目中的威望,同时减少孩子对父母的尊敬,因为你想必能清楚,孩子很小就能辨别盛怒与理

[1] 杨汉麟译,教育漫话(全译注释本)[M].北京:人民教育出版社,2000.43—45.
[2] 杨汉麟译,教育漫话(全译注释本)[M].北京:人民教育出版社,2000.46—47.

智了，他们不能不尊重来自后者的决定，同时很快地变得轻视来自前者的声音，即使盛怒可以短暂慑服他们，但这种慑服的力量很快就会消失，对于这种缺乏理智支撑、虚张声势的稻草人，他们出自自然本性地会去小觑。儿童只有在做了邪恶的事情时，才值得父母去加以制裁，倘若他们犯了错误，只消给点眼色或摇摇头就可以改正过来。如果有事必须责备几句，父母的态度也应严肃、和蔼而又庄重，只须说明他们的过失为何不好，或为什么是不适宜的行为，不可匆匆斥责一番了事，因为这会使孩子难以弄清，你之所以生气到底是冲着他这个人来还是冲着他的错误来，盛怒之下的呵斥常常不免夹杂一些粗暴不雅的言词，结果还有一宗更大的坏处，就是等于将它们教给了儿童，而且许可儿童去说，因为这些骂人的话是从父母或师长这些具有崇高威望的人那里学得的，因此儿童一旦应用到别人头上时，就会毫无羞愧或顾虑可言。

说到这里，我预料有人会出来反对，他们会说，儿童犯了错误，你既不赞成打，又不主张骂，那你还有计可施吗？这样做不就等于将约束各种混乱的缰绳束之高阁了吗？其实，只要我们从一开始就能采用正当的方法去训练儿童的心理，遵照前面所讲的措施，在他们心中植入尊敬父母的情感，事情是不致如此的。因为经过不断的观察以后，我们就会发现，儿童遭受鞭挞时，如果鞭挞的实效仅仅是对鞭挞本身的恐惧或者鞭挞所施加于肉体的痛苦，则鞭挞实在是乏善可陈。因为，痛苦消失得很快，儿童对它的记忆也会同时忘却。

不过我细细想来，觉得有一种过失——仅仅是一种过失，儿童时应遭受鞭挞的，这就是顽梗或反抗，在这种情形之下，我也主张在可能的范围之内，将鞭挞所给予的羞辱而不是痛苦作为惩罚的主要部分。唯有使他们为自己做错了事和挨打感到羞愧，才是真正德行上的制裁。倘若儿童被打但却不感到羞耻，那么鞭挞所产生的痛苦容易消逝及被置诸脑后，很快就变得并不可怕了。据我所知，有一个出身上流社会的孩子有一种莫名其妙的恐惧，就是怕被人脱掉鞋子，正和别的孩子畏惧教鞭高悬于顶一样。依本人之见，脱掉鞋子这类惩罚比鞭挞要好，因为如果你愿意他们具有一种真正坦诚的性情，他们惧怕的应是羞于犯错误以及随之而来的羞辱，而不是痛苦。但倔强与顽梗是应诉诸强力与鞭挞加以克服的，因为除此之外，没有别的良方。

无论是什么特别行动，如果你已吩咐他去做或严禁涉足，你便需亲眼目睹他服从不可，不许求饶，不准反抗。倘若你下命令，而他反抗，那种情形便成了你们相互暗地较劲、争胜负斗输赢的局面，这时你便非赢不可，如果你使过颜色或者发过话语，过后仍未奏效，那时就不惜动用鞭挞，除非从此之后，你有意听他指令过日子。

儿童第一次遭受他们应该受到的鞭挞之苦时，非等到目的完全达到方可终止，而且还要逐渐加重，这种体罚应制服儿童的心理，确立父母的威信，威信一旦确立之后，便应当采取严肃而又不乏和善的态度，并永远保持下去。

如果我们仔细反思其中的道理，便会更为小心谨慎地使用鞭挞及教棍，便不再以鞭挞是一粒颇为安全的万应灵丹，可以随处乱用了。有一点可以确信的是，鞭挞如果不能产生良好的结果，它便会引发重大的弊端，它如果不能触及儿童的心灵，使其意志变得柔顺，就可能使得肇事儿童越发顽梗，无论他因此遭受了多少痛苦，不但不思悔改，反而使他更加珍爱他所喜欢的顽梗的脾气，因为这种脾气使他这次获胜，便会使他准备再做较量，指望将来取得同样的结果。所以我毫不怀疑，有许多人本来可以变得柔顺、易驾驭的，只因惩罚不当，结果反而养成了不思悔改的习性。因为如果你在惩罚儿童时，对他暴跳如雷，好像惩罚的目的全在报复他以往所犯的过失，那么，即使你的本意是矫正他的心理，也会事与愿违。倘若儿童的过错里没有倔强的气质，或者人性嚣张的成分，严酷的鞭挞根本就无需采用，在改正他们因意志薄弱、疏忽善忘或是漫不经心所产生的过失时，和蔼或严肃的劝诫就足以，他们不需要求助于外力的，不过如此而已。但意志里面如果有乖张邪恶的成分，如果是一种有意为之的、坚定的反抗，那么惩罚的分量是不能仅仅根据他所犯过失的大小而定的，一旦出现时，应该看他对父命的尊重与服从情况，惩罚需根据违抗程度而定，父亲的命令是永远都得严格执行的，否则便需继续加以鞭挞，直到鞭挞的力量触及他的心理，你能从中看出真正的忏悔、羞耻以及自愿服从的迹象为止。

　　不过，还是应该尽量避免惩罚尤其是鞭挞的情形，以少发生为宜。倘若儿童具有我说过的畏惧心理，在多数情况下，只要给点眼色就已足够。确实，也不能指望年幼的孩子与年长者具有同样的举止、同样的严肃、同样的勤勉。我说过，凡是适合他们年龄的即使是愚蠢及幼稚的举止，都应允许，人们尽可不加理会。粗枝大叶、无忧无虑以及打闹逗乐是儿童时期的特征。我认为我曾说过的严厉方法不应扩大到这种不合时宜的约束。况且儿童的年龄或性情的自然产物也不能仓促解读为顽梗不化或有意违抗。在这种不正当举止方面，他们作为天然的弱者，应得到扶持，帮助他们向改过自新的方向前进，那种天然的弱点经过提醒之后，即使复萌，也不能认为是完全忽视之故，而立即将他们当作顽梗的孩子对待。因意志薄弱所产生的过错固然不应忽视，也不可不予提醒，但除非这种过错含有蓄意的成分，否则绝不能夸大其词，或是给予过分尖刻的冷嘲热讽、呵斥责难，只能在实践与年龄允许的范围之内，用一种温和的手段将其导入正途。

　　通过这种方式，儿童就会明白一切失误中的主要败笔究竟何在，因此就会学着予以避免。这样就可以鼓励他们保持一种正当的意志，这是一件大事，他们会发现，正当的意志可使他们不至于蒙受任何重大的不快，他们其余的一切弱点都会得到教师与父母的关心和帮助，而不是生气及盛怒之下的责骂——但是你的话应永远对他们具有力量及威信，如果有时在某一场合，你吩咐他停止干某事（即使是孩子气的举动），你便一定要做到，不可让他占了上风。不过我始终主张，做父亲的人，在有关个案中，除了儿童做事有流于恶习的倾向外，最好少行使权力，少下达命令。除此之外，我觉得还有更好的办法可以制服这些恶习，只要你能使孩子服从你的意志，则在大多数场合，温和地据理说服，效果必定更佳。

我一提到对孩子也有要说理，人们也许会感到不解，但我却不能不认定这应是对待他们的真正方式。儿童一到使用语言之日，就是明了事理之时；如果我的观察不错，儿童之希望就被看作是具有理性的生物，远比人们通常想象的年龄为早。他们这种自负的态度应当得到珍惜，我们也尽量利用这种态度，将其作为支配儿童的重要工具。

不过我之所谓说理，必须以适合儿童的能力及理解力为限，不可引作他用。谁都知道，不可把一个3岁或7岁的孩子当作大人那样去和他辩论，长篇大论的说教和哲学意味甚浓的推理，最佳效果也无非是使儿童感到惊奇与迷惑不已，并不能提供真正的教导。我所讲的是以理性看待他们，也就是，你的举止应温和，即使惩罚儿童时，态度务必镇静，要使他们感到你的做法是合理的，对他们是有益且必须的，要使他们感到，你之所以吩咐或禁止他们去做某件事，并非出自心血来潮或胡思乱想，这是他们可以理解的。我认为，无论是在他们身上应激发的德行，还是应远离的过程，无不可以用道理说服，不过所说的道理应符合他们的年龄及理解力，同时应以极少的简明扼要的措词表达。至于责任的基础及是非的根源，对于那些不习惯于从通行的见解中抽象出自己思想的成人，走进他们的心扉也绝非易事，那么儿童就更难了解虚无缥缈的原理推论了。冗长的演绎实难打动他们，倘若要用道理达到目的，那种道理便须明白流畅，符合他们的思想水平，而且应该能够被接触到和被感觉到方可。不过，若是他们的年龄、性情以及性向被充分考虑，这种可以说服他们的动力绝非难觅。倘若儿童犯了任何值得注意的过错，而又缺乏其他的特殊的动力可以利用，有一种方法常常可使他们醒悟，并有力量去阻止那种过错的发生，这就是使他们知道那种过错会使他们贻笑大方，蒙受羞辱，失掉你的欢心。[1]

4. 礼仪风度的培养

洛克所要培养的绅士是资产阶级上流社会的代表,要举止文雅、谦卑得体、落落大方。但是,由于后天教育的过失,有些儿童误入了歧途,表现出一副模仿和丑陋的行为,这就是矫揉造作。洛克认为,矫揉造作是极令人倒胃的,要么被理解为见识短浅,要么被理解为缺乏真挚。因此,洛克十分注意在幼年时期就对儿童良好礼仪风度的培养。

在谈到对儿童进行礼仪教育时,洛克提出了榜样示范和建立荣辱心理观念(因这部分内容与上述问题相近,一并在上面分析了,这里不再赘述)。洛克认为,儿童的行为方式,大半通过模仿得来的,与榜样相比,没有任何事情能这么温和而又深入地打动人的心扉,那种吸引或阻止他们去模仿的力量,是比任何能够给予他们的说教都大的。所以儿童的品德培养中,教导儿童以及培养其礼貌风度的方法中,最简单易行且富有成效的方法是:将儿童应做出或避免做出的榜样放到他们跟前,通过好榜样和坏榜样的对比,让儿童知道该学习什么、该避免什么。洛克发现,同伴的影响比一切教导、规训的力量都要大,但是洛克站在上层统治阶级的立场上,认为社会和学校到处流行着粗野和邪恶,儿童一旦走出家庭,就会从同伴那里学到厚颜无耻、诡计多端等与绅士教育目标背道而驰的行为举止,就难以再教育好他们。所以,洛克主张让儿童留在家里。当然,洛克也清楚地意识到了这样做的弊端,儿童由于长期不接触外界,可能会有胆小、懦弱等表现,但从比较的角度看,洛克认为这是更为保险的做法,是达到教育上的主要大目标的最好最安全的办法。同时,洛克也反对当时学校的教育内容(学校的教育内容依然充斥着以往的那些陈旧的文法、修辞、道德哲学

[1]　杨汉麟译,教育漫话(全译注释本)[M].北京:人民教育出版社,2000.66—72.

等传统课程），这些内容既了无趣味，又不为当时社会所需。由此，洛克坚决主张把学校教育移植到家庭中来，那么绅士教育就明显具备了家庭教育的特色。洛克认为，对于家庭中的教育者——父母和家庭教师来说，他们最好的做法就是率先垂范。父母是儿童出生以后第一个学习模仿的对象，所以，父母一定要以身作则，自己不愿意让儿子去仿效的事，你自己便绝不能在他们面前做，否则，父母无法在孩子身上培养出所期望的好品德。因为榜样的力量如此之大，洛克还建议父母不惜重金为孩子聘请家庭教师，他认为，一位好的家庭教师是很难用通常的薪额去请来的。在聘请家庭教师时，父母不要凭信友谊，或者当作善举，也不可信赖有力的介绍，应该格外当心，要有一种替他选择配偶似的好奇心。洛克认为，教师自己必须首先懂得礼仪，并且时刻要为学生树立榜样，这样才能够把学生培养成为上流社会所需要的"绅士"。洛克对一位好教师应具备的素质进行了描述：应当拥有良好的教养，通晓礼仪，无论何时、何地以及与哪种人打交道，都有适当的举止和礼貌。另外，洛克反对儿童与家里的仆人接触，认为仆人的榜样最危险，反映出他站在资产阶级立场看问题时所未逾越的阶级局限性。洛克把礼仪作为维护资产阶级贵族高贵地位的重要手段，认为礼仪教育是绅士所特有的，而且要求绅士对自己的子弟从小就进行礼仪教育，使礼仪在上流社会世代相传。

　　本人相信，矫揉造作不是儿童从小就有的毛病，也不是未经教导的天性的产物，这是一种莠草，但不是生长在荒芜的野地上，而是生长在花园的苗地里，是由于园丁疏于管理或是缺乏照顾的能力才导致其滋长蔓延。一个人之所以表现得矫揉造作，必定起因于管理与疏导。矫揉造作是极力改变本性中缺点，总是具有一个有吸引力的、令人愉悦的目的，但是越是想装出一副优雅的外表，离优雅的实质就会越远，因此这个目的是永远难以达到的。有鉴于此，我们更加要予以提防，因为它正是教育的过失，这种教育诚然是一种误入歧途的教育，同时年轻人由于自己的失误，或是由于周围人群行为不端，导致他们每每受到伤害。

优雅的态度永远都会博得他人的青睐，凡是对此事加以考察的人都会发现，优雅的态度是在做事情过程中自然产生的，他的心情正好符合那个时候的情境。不管置身何处，倘若我们邂逅一位慈善、友爱、温文尔雅的人，是不可能感到不愉快的。凡是豁达开朗、对自身举手投足控制自如、既不浅陋狭隘、也不孤傲自慢、亦未曾沾染任何重大瑕疵的心灵，总会对他人产生吸引。这种自然产生的行为是其完善心灵的真实表现，这种行为是精神及气质的自然流露，当然也显得洒脱自如，令人喜欢。当一个人经过不断的练习，将自己的行为举止变得合乎时尚了，在与人交往时，由于生性或习惯，所有言谈举止都显得谦卑得体、落落大方，一点也不觉得做作或刻意模仿，而是温馨的心境及良好的气质的自然流露。在我看来，这是一种美，这种美可以通过他们的行为越发显得流光溢彩。由此出发，他们的所作所为可使一切与之接近的人为之折服。

与此相反，矫揉造作是对本应纯真表现的行为变成一种丑陋而勉强的模仿，缺乏那种自然的美。因为，凡是矫揉造作发生之处，外表的行为与内在的心境总是不相符的，表现为以下两点：

第一，一个人实际上并不具有某种心境，可是他在言谈举止上装模作样，使得外表看上去具有某种心境。例如，有些人有时候装出一副忧愁、怜悯或是和善的样子，实际上他的心境与此完全相反，但是这种可以装出来的姿态总是难以掩盖真相的。

第二，有时候他们并不刻意作秀，假装具有某种心情，但却在举止上表现出一些与其习性不相称的动作。例如，他们在与别人交谈时，故意作出各种动作、表情及发表言论，其本意要向对方表示尊重或礼貌，或者表示谈得投机、轻松自如，但是由于这些表现并非出自自然，亦非真实，故所表现的只是他们内在气质的某种缺陷或谬误。只知一味模仿他人行为，却不知道分辨他人行为中内涵的那种优雅或者说是他人性格中特有的东西，这是导致矫揉造作的大部分原因。但一切类型的矫揉造作，无论其结果如何，总是令人生厌的。因为我们天生厌恨赝品，鄙视那些乏善可陈、只能以弄虚作假去博取别人欢心的人。

率真的不加修饰的本性，任其自然的态度，远比人为的态度及类似的习得的令人倒胃的时髦模样要好得多。倘若我们自己没有多少成就，或是行为方面有缺憾，态度不能达到十分优雅的境地，通常会远离人们的视野，但不会遭人谴责。倘若我们的举止中，无论哪一部分含有矫揉造作的成分，则不啻给自己的缺点点燃了一支蜡烛，结果必定引起他人注意，要么被人理解为见识短浅，要么被人认为缺乏真挚。对于这种情形，做教师的应该特别关注，因为我在上面说过，这是一种习得的丑态，起因于一种错误的教育。有矫揉造作表现的人，除了交谈应酬缺乏技巧的人外，很少有人会这样做。如果我未弄错的话，我觉得其起因常常出自某些人的偷懒的劝告，他们只知道制定规则，确定范例，却不将练习与其教导相结合，不知道让学生在自己的监视之下重复练习某种行为动作，以便改正其中的拙劣和做作的成分，使那种行为变得轻车熟路、习惯自如。

对于人们所谓的礼貌，儿童常常感到困惑，而自以为聪明的女仆和女教师往往为他们提供许多所谓善意的告诫。我认为，学习的方法与其依从规则，不如根据榜样。儿童若是远离不良的伙伴，在模仿他人的时尚做法后就会得到大家的尊重与赞许，他们也会为自己行为优雅而自豪。在这一方面，万一稍微疏忽，孩子脱帽与退步致敬的姿势做得不太优雅，可以有舞蹈教师去纠正，他可以将时尚派人物所说的下里巴人式的率真天性这一缺点治好，不留半点痕迹。[1]

在我看来，最能使儿童具有适当的自信心与合宜的举止，从而提升他们去与年长者交际的活动，莫过于跳舞，所以我主张儿童到了可学跳舞的年龄，立刻就让他们去学习。因为跳舞虽然只是一种优美的外表的动作，然而我不知为何，感到它

---

[1] 这是英国上流社会流行的一种向位尊者致意的礼节。通常动作是，一腿弯曲，另一腿向后伸。

使儿童在思想及举止上具有男子气概的作用却比任何其他训练都要强。除此之外，我是不主张让小小的孩子因为教养上的细节问题而苦恼不已的。

你知道，儿童的有些过错要靠岁月来矫治，你大可不必为你的孩子的失误过于担心。故当儿童年龄尚小时，只要他们的精神不缺乏文明，而举止上的文明若有不够周到之处，做父母的尽可以少去操心。倘若他的优质心理懂得敬爱父母师长，对于这些人不敢有所忤逆，同时对于其他一切人也知道敬重，怀抱善意，那么，这种尊敬的情感就会让他学会那些最能被人接受的表达方式。你应当心的是，使他心存一种善良仁慈的原则，你要竭力用名誉、赞赏以及各种可爱的事物，使这种善良仁慈的原则变成一种习惯，一旦这种原则经过不断的练习，在他心里扎下根，且根深蒂固时，你便无所畏惧了，他谈吐中的各种修饰以及外表上的时尚风度都是到了时候自然就表现出来了。只要孩子们能从女仆的照料下解脱出来，交到一个具有良好教养的男子手中，并令此人做孩子的教师。

当孩子年龄尚幼时，他们身上表现出来的漫不经心及疏忽大意都是可视为与生俱有的正常现象。但是，他们的任何行动如果显露出骄傲与邪恶的迹象，那就另当别论，要按照上述方法立即加以纠正。

我关于礼貌问题所说的话也许未表述得足够清楚，有人认为我的意思是说我们虽然有人知道怎样去使孩子懂礼貌，也不应该在儿童极小时去逐渐陶冶他们的动作举止。我的意思其实是，倘若儿童刚会走路，就有手段高明之士采用正当的方法去陶冶他们，那原本是颇值得称道的事情。我所不满意的是在处理此类事情上通常采用的错误方法。儿童的有关行为方面的事宜一向无人教导，可是一旦礼貌上有了一点偏差（尤其是陌生人在座时），他们便常常遭到大人斥责，与此同时，关于脱帽及退步致敬的责备与教训也就喋喋不休地涌来。这些人表面上是在改正儿童的过错，实际上多半只是在掩盖自己的困窘。他们为了转移注意力，便数落责骂可怜的孩子，有时还显得声色俱厉，为的只是怕人议论，将孩子的不良行为归咎于他们对孩子缺乏照顾或是缺乏纠正孩子不良行为的能力。

就孩子方面而言，这种偶尔教训一两次的办法，他们从中得不到任何益处。他们应该先被告知该做什么，然后通过反复练习合适的做法去取得成效，断不可让他们事前毫不知情，甚至全然不知是怎样一种做法，只是事到临头才告诉他们怎样做。这种每逢事到临头便去呵斥一番的做法，那不是教导，而是无故使他们受烦扰，遭煎熬。最好是让他们待一边去，不必因为一点并非是他们自身固有的、也不是听了一番告诫就能改正的过失去责骂他们。对于他们出自本性的孩子气的不经意或率直的表现，最好是让成熟的岁月去关照，而不必时时无故加以斥责，因为单凭斥责，既不会也不能使之养成优雅的举止。倘若他们心地纯正，内心受到规范，即使因为缺乏良好的教养，外表上显得粗俗一些，那么，只要他们是在良好的同伴中受到教养，随着他们的成长，通过观察、判断，自然可以将粗俗洗刷殆尽。但是，如果他们常是和不良的伙伴混在一起，那么，就算你用尽人世间所有的规则，使出一切可以想象得到的惩罚，还是不能擦净他们身上的尘垢。你想必知道这个真理，那就是：你对孩子尽管给予各种教导，天天苦口婆心向他们灌输一些关于礼貌的知识，但最能影响他们行为举止的因素还是那些与之交往的伙伴以及周围的风尚。儿童的行为方式（或许应当说不仅是儿童，成人也何尝不是如此），大半是通过模仿得来的。我们都是一种模仿性极强的动物，每每从身边事物中受到感染，获取印象。因此，对儿童来说，耳闻不如眼见，原是不足为奇的。[1]

在各种教导儿童以及培养其礼貌风度的方法中，最简单易行且富有成效的方法是，将儿童应作出或避免作出的事情的榜样放到他们跟前。在他们的认知所及的个人实践上，一旦你向他们展示了他们所熟知的人的榜样，同时说明这些榜样为何美丽或丑恶，那种吸引或是阻遏他们去模仿的力量将比任何可为他们提供的说教都要大。当你指导他们去观察，在其实践中比较折中或哪种品质孰优孰劣

[1] 杨汉麟译，教育漫话（全译注释本）[M].北京：人民教育出版社，2000.50-54.

48

时，用言语开导去使他们明白何为德行，何为邪恶，不如使他们看到别人的行动。采用这种观察他人榜样的方式，儿童在许多事情上，对于有良好教养所展示的风采，对不良教养所暴露的丑恶，必然懂得更清楚，印象更深刻，这是任何规则及教训都无法企及的。这种方法不仅在儿童年幼时采用，而且可以延续，只要他们处在他人的教导或指导之下时。不仅如此，我还感到，为人父者只要觉得合适，无论何时，他都可将此法当作一个最好的办法，去矫治他希望在他儿子身上更改的问题。与榜样相比，没有任何事情能这么温和而又深入地打动他人的心扉。儿童无论忽略或沉溺于什么坏事，一旦目睹同样的事情发生在别人身上，他们是不会不厌恶、不惭愧的。[1]

　　由于伙伴的影响较之一切教训、规则、教导都要大，我觉得再去长篇大论地奢谈别的事情几乎就是白费力气，是无的放矢。那么你一定会说，我能对我的儿子有什么办法呢？倘若我老是将他留在家里，他就有变成我的少主人的危险。如果我把他放出去，又怎能防止他不受粗野与邪恶的侵蚀呢？须知，这些东西在外面到处都是十分流行的啊！把他留在家里，他也许会比较单纯，但同时也会对人情世故更为无知。他在家里缺乏新的伙伴，一天到晚看见的全是几副老面孔，一旦出外闯荡，就会变成一个要么羞怯懦弱、拘谨无用，要么自命不凡、自视甚高的家伙。

　　我承认以上两方面都有缺点。诚然，如果儿童常常待在外面，他的胆量自然会变得大些，与同龄儿童相处时，他更善于大脑起哄，出谋划策，伙伴间因为互相竞争，导致年轻的孩子生气勃勃，用心学习。不过，在你能找到一所学校，该校的教师能够照顾到学生的礼貌，在德行的培养、仪容的陶冶上能像教授那种学者的语言一样达到良好效果之前，你必须承认，你有一个奇怪的关于文字的价值观，你宁肯让他去学习古代希腊、罗马的文字，而不是使他成为勇敢无畏之人，你以为这样做是值得的，为了那么一点点希腊文字与拉丁文，不惜伤害令郎的纯真与德行。因

---

[1]　杨汉麟译．教育漫话（全译注释本）[M]．北京：人民教育出版社，2000.72—73.

为男孩从学校里的玩伴中得来的胆量与生气，通常都含有粗鲁与不良的自信力的杂质，那种不适宜及不正直的处事方法，日后必定还得加以清除，代之以较好的原则及使人成为一个真正有价值的人的仪态才行。一个人必须考虑清楚，要过良好的生活，要像一个人那样处理人间事务，与他从学校同学中学到的厚颜无耻、诡计多端或残暴不良是决不相容的，大家只要想想这件事就会知道，私人的教育虽不无缺点，但较之于学校教育，在改进儿童方面其优势要明显得多。这样一想，就会设法将孩子留在家中，去保持他的纯洁和谦逊，因为孩子留在家里，比较容易学到一些品质，做个有用的和能干的人。女孩子每每是在深闺幽居中长大成人的，但她们并未因此就变成少明事理、能力较为薄弱的女人了，不会有任何人会对此视而不见或抱怀疑态度。她们一旦踏进社会，习惯与他人交往，自然很快就有了相应的自信。此外，至于可能存在于男人中的粗俗与喧嚣，最好还是避免为好，因为勇敢与坚定并不体现在粗俗与不良的教养中。

所以，如果仅仅为了使儿童具有自信、获得一点与人相处的技能，就去牺牲他的天真，让他和那些缺乏教养的或邪恶的孩子交往，这种做法实属荒谬。刚毅与自立的主要用途是保持他的德行，因为一旦自信和机敏与邪恶混一起，来支持他的不良行为，那么，他便必定踏上了堕落之途。那时，你又得重新设法去消除他从伙伴中学到的习气，不然的话，只能是让他坠入深渊。男孩子只要有与人交往的机会，且时间充裕，必然学会镇定自若。在此之前，谦逊与服从使之更适于接受教诲，所以事先大可不必过于注重自信心的培养。最应花费时间及精力、孜孜不倦去努力的事情是使他们获得德行，这是他们应多加准备的作料，免得以后容易失去。

至于他们年长以后，如何才适合与人交往，进入尘世，我们姑且放到别的地方再说。但一个终日与顽童为伍，在玩"揣佩"的游戏中学习吵闹不休，或是在玩"斯潘法阵"的游戏中学习尔虞我诈的儿童，我是看不出他们如何能够参加符合文明的交际或事业的。学校里聚集的儿童通常来自良莠不齐的家庭，做父母的希望自己的子弟混迹其中，一般究竟能获得一些什么德行，只有老天知道。我相信，凡是家里请得起教师的人，则雇来的教师较之学校里的任何人必定能使其子弟举止更为优雅、更具阳刚之气，同时在什么是有价值、什么是合适的观念上，使其子弟更有分寸感，教师在教他儿子学习作交易及尽早成人方面较之学校能做的必定更为精通。

　　但是一般做父亲的人深切意识到，好运总是垂青那些胆大无畏、猛打猛冲之人，于是他们庆幸其子能够及时变得冒失、鲁莽，认为这是一种他们长大了能够兴旺发达的吉兆，他们看见自己的儿子对同学耍阴谋诡计，或是从同学那里学到一些鬼蜮伎俩，便以为是子弟学会了谋生的本领，可以进入社会，大展宏图了。但是，我敢说，只有将子弟的幸福奠定在德行与良好的教养上面，才不失为唯一可靠与保险的正途。为了培养一个能干的人才，靠的不是学校里学童们的恶作剧或欺诈，不使他们彼此诉诸暴力的行为，也不是他们合伙策划偷到一所果园的行动。一个能干的人才的养成，靠的是恪守正直公道、宽宏大量以及节制沉稳的原则，再加以观察与勤奋努力而成。倘若一个在家庭里教养儿童的青年教师在这些品质上不比在学校里的学生更多一些的话，那只能责怪其父亲在选聘教师时有眼无珠。你不妨从文法学校里挑出一个最优秀的学生，再找一个在家庭里受过良好教养的同龄儿童，使他们成为形影不离的好友。然后，你可以比较，看谁的举止更有丈夫气概，看谁见了生人时举止更为镇定自如。我相信，那个在学校里呆过的学生的自信心到了这个时候一定会相形见绌，甚至贻笑大方，倘若他的自信心只适于与孩子交往，干脆没有或许还好些。

　　你不愿意他去效法之事，你自己便决不可当着他的面去做。假若某件事情他做了，你认为是一种过错，而你自己却不小心照做不误，那么，他便必定会以你的榜样作为掩饰的口实，那时你再想用正当的方法去纠正他的错误就非易事。倘若他看见你亲自做了某事，一旦他去做了同样的事你又加以惩罚，那么他决不会认为你的严厉乃是出自你对他的关爱，出自你殷切希望他改过的用意，而他却一定会作如下解读：你不过是在仰仗老子的专横霸道，只许州官放火，不许百姓点灯，自己享受自由，可到处寻开心，却不许做儿子的去享受同样的权利，这样做哪里站得住脚！

若是你觉得自己之所以随便一点是年长者的特权，这种特权是一个孩子所不能奢望的，那么你这种想法反而激发他更想去效法。你总该随时记得，儿童之爱冒充成人是比我们预计的还要早些，他们喜欢穿马裤，并非马裤的样式别致，或者穿着舒服，人是因为穿上马裤是迈向成年的一个标志或步骤。上述，我所说的父亲在子女面前的言谈举止还应扩大范围，适用于所有有权管理儿童或应受儿童敬重的人。[1]

为了保持教师在学生心中的威信，家长自己应对教师极为尊敬，并让全家保持同样的态度。因为，你不可指望令郎对被自己父母或其他人所轻视的人会表示丝毫尊重。倘若你觉得他值得轻视，那你显然就是选错人了，如果你对他表示了一点的轻视，他就难以逃脱令郎的轻视。其结果是，无论教师本身有多大价值，以及他在业务上有多大能耐，但在儿童心目中一切都化为乌有，伺候他对令郎再也没有任何益处了。父亲应该以身作则，教导儿童尊敬教师。

姑且再回头看看我们的方法。我虽然说过，实施教育儿童的主要手段是利用父亲的正颜厉色，使这种威慑力从小印入儿童的心灵，但决不意味着在他们正值童年、接受管束的期间，这种方法应该一直沿用下去，我认为，一旦他们的年龄稍长，做事知道谨慎，而行为也很端庄的情况下，这种管束便应当随之放松，而到儿子长大，且具备判断事物的能力时，做父亲的还应该进一步和他亲切交谈，甚至还可就他多少知道或了解的事物，征求他的意见，与他磋商……你用这种方法对待

[1] 杨汉麟译，教育漫话（全译注释本）[M].北京：人民教育出版社，2000.56—62.

他，可获得的另一更大的益处是，增进亲子友谊……建立及巩固友谊与善意的最佳方法莫过于互相信赖地交流心事与唠家常……亲切地与他讨论并征求他的意见，如果他提出好的点子，你便照办，成功之后，你还要对他大加称赞。这种办法不但不会损害你的威信，反而会使他对你更加爱戴、更加敬重。

你一方面使你的儿子认识到他必须依靠你，是在你的权力控制之下的，这样你便树立了威望。同时，如果他执拗地坚持去做你曾禁止他去做的反映不良本性的坏事，尤其是说谎，你对他的态度就应是没有丝毫妥协余地的严厉，务使他对你产生一种必要的恐惧心理。另一方面，你对于符合他年龄特征的所应享有的自由，要允许他去尽量享受，对于他的童真的举止，打打闹闹的行为，都看成是他在年幼时期的必有现象，就像吃肉或睡眠一样不可或缺，使他在你的面前不感到拘束，你须将他看成是你的一个伙伴，通过放纵与温和的举措，使他感受到你的关爱，尤其是当他事情干得漂亮的时候，不管在什么场合，都要用适合他年龄特征的时尚方法去抚爱他，向他表示善意。我说，你用这种种父母对其子女决不会缺少怜爱与柔情的方法，就在他心里植入了他对你特别眷恋的心态，这时他就达到你所希望达到的境地了，你便在他的心里形成了一种对你的真正敬仰，以后应当永远小心地将其延续下去。这里有两个部分，即"爱"与"惧"，都得作为重要的原则加以保持，你可凭借这一原则，长久将其掌控，使他的心理走上重道德与爱名誉的康庄大道。

一旦奠定这种基础，你发现这种崇敬之心已在他身上发挥作用，紧接着要做的事情就是仔细地考察他的气质和他的心理特征。不管他的气质如何，我在前面说过，顽梗、撒泼以及不良的行为都是从一开始就不能允许的。即使是这种邪恶的种子萌发的一点根都不能着床，倘若在儿童身上出现，立刻就得小心铲除。你必须在他开始获取知识时就去建立你的权威，并用你的威信去影响他的心理，使之成为一个自然的法则，他不知道这种权威的起源、真相，也不知道它原来可以是另外一种模样。这样一来，他便不会反抗了，如同难以反抗他的天性中的原则一样。

你这样及早树立了权威，而且当你发现他有形成任何不良道德习惯的倾向时，你又温和地运用你的威信，从而使他感到羞耻而幡然悔悟。除非到了冥顽不灵和怙恶不悛而绝对必要时，我是不主张呵斥的，尤其是不主张鞭挞儿童。你最好考虑清楚他的天性使他趋向哪个方向，由于受不可改变的体质类型的制约，有些人强悍、有些人懦弱、有些人自信、有些人谦卑、有些人温驯、有些人顽梗、有些人好奇、有些人粗心、有些人敏捷、有些人迟钝，正所谓：人心之不同，恰如其面，仅有一点不同的是，面孔及体态方面的特点须随着岁月的流逝而变得更加明显，更加容易察觉，而心里上的特殊面相则在儿童尚未学会隐瞒自己弱点的技巧、不知道在外表上装模作样去掩饰自己的不良倾向时，最容易看清楚。所以，你对令郎的气质，应尽早去仔细观察，而且要选择对他束缚最小的时候，当他正在游戏，当他自以为远离你的视线的时候去考察。你要观察他的主要感情与主要倾向，看他是强悍还是温和，是大胆还是羞怯，是有同情心还是残忍，是开朗还是内敛……他在这些方面的差异，就决定了你对待他的方法也要有所不同，同时你运用权威的方式也需做调整。[1]

教师的行动决不可违背自己的训示，除非他蓄意要让孩子变坏。如果教师自己放荡形骸，那么他教导儿童克制情绪冲动便会徒劳无功；如果他不洁身自好，那么他努力改正其学生任何邪恶及不端行为的努力将付诸东流。坏榜样的确比好规则更容易被接受，所以教师应适时留心，不可使儿童受到不良榜样的影响。[2]

欲将一个年轻绅士培养成为他应当成就的模样，他的教师便应当具有良好的教养，通晓礼仪，无论在何时何地以及与何种人打交道，都有适当的举止与礼貌。此外，他还要使他的学生在与其年龄相称范围内，努力使他经常照办。这是一种技巧，不是被动教会的，也不是从书本上学会的。除了与儿童为伍者的良好示范

---

[1] 杨汉麟译.教育漫话（全译注释本）[M].北京：人民教育出版社，2000.90—94.
[2] 杨汉麟译.教育漫话（全译注释本）[M].北京：人民教育出版社，2000.77.

与儿童自己的观察相结合外，没有别的办法可催生这种技巧。儿童的衣着或许可以通过裁缝制作显得颇为新潮，儿童的动作也可能通过舞蹈教师的调教变得十分时尚，但此类事情固然可以使他显得风光体面，却没有一样能使他变成一个受过良好教养的绅士。岂止如此，即使他还具有学问也是不够的，因为处理不好，学问会使他在与别人交往时显得更加无礼、更加令人难受。

礼仪是在他的一切其他美德之上加上的一层光泽，使之具有效用，去为他获得一切与他人接近的人的尊重与好感，缺乏良好的礼仪，其余一切成就都会被人看成骄矜、自负、徒然与愚蠢。

在缺乏教养的人身上，往往带有唯我独尊的神采，并逃脱不了众人斥之为"野蛮"的评论。学问变成了卖弄，才智变成了滑稽，率直变成了粗俗，温和变成了谄媚。倘若缺乏礼仪，无论什么美德在他身上都会扭曲，使其形象大损，反而对他不利。即使某人的德行和才能都获得了一定的肯定，但仍不足以获得人们的认可，也无法使他走到哪里都受人欢迎。未经过琢磨的钻石无人喜欢，即使戴上，也乏善可陈，显示不出高雅华贵。然而一段经过琢磨，加以镶嵌之后，它们便流光溢彩了。美德是精神的宝藏，但使之焕发光彩的则是良好的礼仪，凡是一个能够受到大家欢迎的人，他的动作不仅要有力量，而且要优美。坚实乃至有用也无济于事，无论何事，必须具有优雅的方法和态度，才能显得潇洒，获得别人的青睐。在多数情况下，做事态度的影响较之所做的事情本身还要大，人们之所以感到满意或厌恶，也正是基于此。这不单是指见了人要脱帽或是问候，而是说应该斟酌对方的人品，按照当时周边的情形，务使外表及一切言谈举止、所处位置等，全都合适，落落大方，气定神闲，应付自如，这是只有通过习惯及实践才能学会的，并非儿童的力量所能企及，小孩子不应因此受到烦扰，但也应及早着手，当年轻的绅士有教师管束、尚未独自闯荡世界时，便应学得有章可循，因为小事情上面的一些习惯性的非礼的动作，到了那时候再去改正，通常都为时太晚。因为举止要做到适宜的份上，不到一切细节圆熟自然就难以奏效，正如技艺高超的音乐家的表演，当其指端触及乐器时，不必用心，也不假思索，优雅和谐的乐调自然流淌。倘若一个人与他人交往时，他的心里还无时不提防自己的一部分行为，而不是得到行为的支持协助，那么，他的举止必然会出现矫揉造作，遑论安详优雅。

这种习惯是最需要由儿童管理者亲手照料与形成的，因为礼仪方面的错误，虽然别人最初就会察觉，而他本人却是最后才能听到的。世上的邪恶每每表现在对于这种错误的飞短流长上，但是事主本人却永远难得听到这种非议，他既不能从别人的评判中获得益处，也不能通过别人的指责来加以改进。诚然，这种情形很难开口，就是朋友之间，希望对方改正错误，也常常不便明说，他不敢告诉自己所爱的朋友，说他们在某件事上缺乏教养。涉及别的过失，人们尚可客客气气地说出，叫别人改正错误是不伤大雅的，也不损害友谊的，唯独礼仪方面的错误，根本就不能提及，即使暗示说别人缺乏教养，都是难以启齿的……有鉴于此，所以这种地方是必须由孩子的教师集中精力去加以关注的，他应该在儿童离开他的掌控之前，尽其所能，使孩子在一切言谈举止方面养成温文尔雅、谦恭有礼的习惯，务使他在后来没有时间、也没有心情去接受教诲或是缺乏合适的人去教诲他时，在这件事上他可以不需要别人的劝告。

所以，做教师的人，首先自己便必须具有良好的教养，娴于礼仪。一个年轻绅士从教师那里获得了这种美德，不啻占了先机，人们将会发现，他凭着这一点成绩，门路就会宽广，朋友就会更多，他在这世上的作为就会更大，这是他从文科教育或教师的渊博的百科全书式的教育中所学到的困难字句或真正知识所无法企及的。[1]

[1] 杨汉麟译，教育漫话（全译注释本）[M].北京：人民教育出版社，2000.80—82.

6. 如何对待儿童喜欢控制的天性

洛克对儿童的自然倾向进行了细致地观察分析,他发现儿童身上具有一种喜欢控制的天性,如果不加以合理控制,这将成为一切邪恶习惯的根源。有两件事能够明显证明儿童有喜欢控制的天性,一是出生时以啼哭的方式来表达自己的意愿,二是喜欢将东西据为己有。洛克认为,如果不及早将这种天性加以控制,以后便成为一种扰乱人类生活的根源,这是与资产阶级发展愿望相悖的。洛克对此提出了几点对策:第一,儿童恳求尤其哭闹着求取的东西不能给予满足,父母要注意区分儿童需要的性质,自然的需要应该给予满足,但嗜好的需要(娱乐除外)坚决不能予以满足;第二,如果儿童将自己的意志凌驾于他人务必加以制裁,这是洛克倡导的资产阶级议会主权思想在绅士教育中的重要体现;第三,教育儿童乐于将自己的东西与他人分享。洛克认为,儿童喜欢控制是出于自爱的一种自然倾向,应该及早地加以合理地控制和引导。

提及儿童以哭闹的方式求取东西,洛克由此对在儿童身上普遍存在的爱哭闹问题展开了分析。洛克认为,儿童啼哭一般有两种情况,或者是为了争夺支配权,或者的确悲从中来。对于前一种啼哭,如果予以满足就是迎合了他们的欲望,会助长他们坏脾气,因此应当采取严厉的手段来制止。对于后一种啼哭,应该用温和的方式尽力帮助和安慰他们,但不能怜悯他们,因为这样会使他们的心理变得脆弱。

我以前曾向你提及,说儿童热爱自由:故凡适合他们做的事情,不妨放手让他们去做,不使他们感到有任何束缚。现在我还要告诉你,此外他们还有别的爱好,那就是控制,这一癖好不啻为大多数原发的、一般及自然的邪恶习惯的根源。这种对权力及控制热衷的意愿很早就表现在以下两件事情上。

第一件事,我们知道,婴儿几乎刚刚出世(我相信是远在会说话之前)就会哭泣、使性子、乖张、愤怒，不因为别的，只是事为了要满足自己的意愿。他们要周边的一切人随时听命于他，尤其是对于年龄或身份与其相近或比他们低下的人，一旦他们能按照这些区别去看人的时候，就会这样行事。

还有一件事也反映出他们爱好控制，这就是他们喜欢将东西据为己有。他们喜欢舒适与占有，同时又有随意处分物品的权力。儿童很早就具有这两种性情了，只有很少关注儿童行为的人才会忽视。这两种性情几乎就是一切扰乱人类生活的不公正与竞争的根源，凡是不愿及早将其铲除，代之以相反习惯的人，无异于忽略了一个合适的时机，而良善高贵的成人的基础需借此时机去奠定，为了达到此目的，我感到注意以下要点不无裨益。

第一，我已说过，儿童恳求的事物，坚决不可让他们得到，他们哭着闹着求取的东西，更加不可予以满足，甚至他曾提到的物品也是一样。不过这种说法容易造成误解，把它解释为，仿佛我的意思是说无论什么事物，儿童都不能向父母提及，由此大家或许会觉得，这种做法过于压抑儿童精神，导致违背亲子中应该互相关爱的宗旨，因此我这里要稍微详细地做点解释。

儿童有了需要，应该由自己去向父母申述，父母也应尽量和蔼地倾听他们的意见，满足他们的需要，至少当儿童年龄尚幼时应该如此。然而孩子说"我饿了"是一回事，说"我要吃烤肉"又是另一回事。儿童申述了自己的需要，他们的自然需要，包括由于饥饿、干渴、寒冷或其他自然需要所导致的痛苦，父母及周边的人有责任予以解除。不过，赖以解除有关痛苦的事物哪些是适宜的，在多大程度上满足？应由父母为儿童去选择、安排，不可由儿童自己决定，比如儿童如果说："我要喝酒"、"我要吃白面包"，只要他们说出了这些物品的名称，他们便应失去这些东西。

在这种地方，父母所应注意的问题是要区分嗜好的需要与自然的需要。如果真是自然的需要，在没有得到其他援助时，理智无法单独抗拒，也不能使他不来打扰我们。疾病、伤害、饥饿、干渴、寒冷的痛苦以及操劳过度之后缺乏睡眠、休息或放松，这些痛苦是人人都会感受到的，即使心境最好的人碰上也会感到不舒服，所以应该用适当的方法加以化解，尽管开始对待它们时不可焦虑或性急，在这些地方，时间的耽搁并不会发生不可修补的危害。自然的需要所产生的痛苦，是一种警告，提醒我们注意后面更严重的危害，故对这种痛苦不能完全置之不理，但也不可勉强。不过，若是我们照顾得法，儿童的身心日益强健，那么，他们越是能忍受这种痛苦，对于自身就越有益处。此处，我无需提出任何警告说，这种锻炼只能局限于使儿童获得益处的范围内，务必小心，在使儿童忍受痛苦的时候，既不可损害他们的精神，也不可伤害他们的健康，因为做父母的人向来对待子女只会过分和蔼、宽松，乃至达不到应有的严格程度。

　　无论对于儿童自然的需要给予何种程度的满足，他们嗜好的需要却是绝不能得到满足的，甚至不可让他们提及。他们提及嗜好的需要之日，便是失去有关事物之时。当他们提出需要衣物时，可以满足；不过他们提到要这种料子、那种颜色，他们就肯定得不到了。我并非要父母在无关紧要的事情上故意和子女对着干，相反，只要儿童的表现值得满足某种需要，人们又确信满足这种需要不会损害或弱化他们的精神，不会因此使得他们去注意琐碎的小事，在这种情况下，我认为，一切东西应尽量策划得使他们满意，好使他们感到在有关事情上正常去做获得的安逸与快乐。对于儿童而言，最好的现象是他们根本不将任何快乐建立在与嗜好的需要相联系的事情上，不以嗜好去调节自己的兴致，他们对于自然安排好了的一切事情，最好全然置之脑后。这是他们的父母及教师所主要应实现的目标，但在尚未达到目标之前，我在这里反对的只是儿童请求的自由，要使他们在这种想入非非的事情上的恳求总是以目的未遂而告终，以此方式去对他们加以约束。

　　因为我们的欲望有了发泄管道就会呈现勃勃生机，凡是敢于将自己的欲望作为要求公之于众者，他的想法差不多就是认为自己是应得到满足的。我相信，在这方面，一个人自我克制比接受别人管教要来得容易些。所以儿童应及早习惯于在放浪形骸之前，先找理智咨询一下，并充分发挥理智的用途，这是我们掌控欲望、令欲望停止以及使之沉寂的重要一步。这样就可以大大帮助我们去克制欲望，儿童一旦获得了这种习惯，不去多幻想，在说话之前仔细掂量什么该说，什么不该说，这在日后关系比较重大的事情上，对他们的利益非同小可。有一件事我再三叮咛，就是儿童所喜好的每一个动作，不管事情的性质如何，大小怎样，我们最应该（我差不多要说是唯一的）考虑的是，它将对儿童的心理产生各种影响，考虑它会使儿童养成怎样的习惯，要在儿童身上留下什么，还要看它在儿童年龄稍长时，它将变成什么？还要看一旦加以提倡，到儿童长大成人时，它会将他领向何方。[1]

虽然一切嗜好的欲望都应严格制止，但有一种情形应允许儿童的嗜好有说话的机会，且应予以听取。娱乐与工作或食物一样，都是人生的必需之物，但由于娱乐不能脱离快乐，而快乐却不总是根据理智，它根据嗜好的时候也许还要多些，所以儿童不仅要被允许去寻欢乐，而且应依据他们自己的方式去消遣，只要他们的娱乐方式是高尚的，不致对健康造成损害，因此在这件事情上，如果儿童提到某种方式的娱乐，他们是不应遭到拒绝的。

儿童在做自己喜欢的事情时会感到快乐，他们的身心轮番进行有益练习，使得他们的生命与进步在一连串的消遣中变得充满兴趣，疲倦了的部分也能得到休息，重新抖擞精神……当他们有了这样丰富的真实生活时，就能对他们最感愉悦的话题进行自由交谈，并且得到指导，或得到宽松的待遇，这样他们就会明白，自己是在受到爱护与抚爱，教导他们的人并不是一味反对他们、不让他们得到满足的敌人。这种管理办法就可以使他们爱慕那些教导他们的人，爱慕那些被指点的德行。

使儿童在娱乐方面得到自由，还有一种好处，就是由此可以看出儿童的气质，揭示他们的倾向与才能，就可以指导贤明的父母去为子女选择生活的道路以及安

[1] 杨汉麟译，教育漫话（全译注释本）[M].北京：人民教育出版社，2000.95—98.

排合适的职业，同时，他们如果发现儿童的本性中具有任何错误的倾向，也就可以想出适当的补救办法。

第二，儿童在一起生活时爱争支配权，喜欢将自己的意志去凌驾于其余的人，凡是发动这种竞争的人，务必要受到制裁。不仅要受到制裁，而且还要教他们彼此尽量学会一切与谦恭、殷勤以及与礼貌有关的品行。倘若他们知道这种美德可以使自己得到他人的尊敬、热爱与器重，同时自己的优势又不会因此而蒙受任何损失，那时他们就会更加喜欢这种美德，而不再热衷于傲慢地企图控制其他人了，因为其中的道理再明显不过了。

第三，至于在取得与占有事物方面，你要教导他们，使之乐于将自己名下的东西轻易地、无偿地分给朋友，你要让他们从经验中懂得，最大度的人总是最富裕的人，而且还能得到大家的敬重与赞誉，这样一来，他们很快就会学着去实践了。我感到与订立20种关于良好礼仪的规则却使儿童无所适从的方法相比较，这种方法可使兄弟姐妹之间的关系变得更加和睦、更有规矩，其结果还可惠及旁人。[1]

啼哭是儿童行为中不可容忍的一种过失，不仅是因为那充斥整个屋宇的令人不快、不合时宜的噪音，而且，基于儿童的自身利益，还有一些更值得考虑的理由，而为儿童着想就是我们教育的目的。他们的啼哭有两种，要么是顽梗的及跋扈的啼哭，要么是吵闹的及怒诉的啼哭。

第一，儿童的啼哭常常是为了争夺控制权，这是其蛮横或顽梗的公开宣告，当他们没有能力实现自己的欲望时，就吵闹、抽泣，力图以此来保持他们对于那种欲望的权力。这是公开昭示他们的要求的一种继续，是因为他们有了心爱的事物，而别人却拒绝提供，他们针对压迫及不公道的待遇所表示的一种抗议。第二，他们的啼哭有时的确是由于痛苦或真正的忧愁，悲从中来，于是变作哭泣。

如果对这两种哭泣仔细加以考察，是很容易从儿童的外形、脸色、动作尤其

---

[1]　杨汉麟译，教育漫话（全译注释本）[M].北京：人民教育出版社，2000.99—101.

是啼哭的声调分辨出来的，但是这两种啼哭中的无论哪种，都不允许存在，决不可鼓励。原因有两点：

第一，顽梗或高声的啼哭是绝对不能允许的，因为认可这种啼哭就等于是以另一种形式去迎合他们的欲望，助长那些我们责无旁贷应帮助他们去克制的情感。如果按照眼下一般情形，儿童不管受到什么责罚都允许他们哭，就会将责罚的良好效果抵消殆尽。因为对于任何责罚，若同意他们以这种方式去公然反抗，责罚就会使他们每况愈下。倘若儿童受到的约束和惩罚不能及时制服他们的意志，不能教导他们去克制自己的情感，使他们的心理变得柔和、顺从，接受父母根据理智给予的指导，使他们将来也能服从自己的理智，那么，那些约束与惩罚便全然用得不对路子，毫无效果可言。如果儿童遇事受了折磨就用哭泣去开脱，他们对于自己的欲望就会更加坚持，且可助长他们的坏脾气，致使他们公开宣布他们的权力，并决心只要有机会就会去满足自己性向所指的欲望……

第二，有许多儿童遭受了些许痛苦就爱哭泣，碰到很轻微的伤害就要诉苦或叫嚷，极少儿童能够避免不这样做，因为儿童学会说话以前，啼哭是他们表示痛苦或是需要的最初的和自然的方法，可是人们却由于同情他们那种稚嫩的年龄而愚蠢地鼓励他们去哭泣，使之延续到远在他们能够说话之后。我承认，儿童周边的人看见儿童遭受了任何伤害，他们都应给予同情，但是却不能显示出怜悯的神情，你应该尽力帮助他们，安慰他们，可是绝不能怜悯他们。因为这样做会使他们的心理变得脆弱，使他们遭遇一点轻微的伤害就坚持不住……人生的磨难很多，要求我们不可对每一样轻微的伤害都过于敏感……

对于第一种啼哭，须得采用严厉的手段去使它停止，如果眼色或正面的命令未能奏效，鞭挞就应随之而来，因为这种啼哭是源于骄傲、顽梗以及欲望，所以作为过失根源的意志应该被压服，应该采用严厉的方式、足够的力量去掌控意志，使它变得顺从。

但是第二种啼哭的原因通常是由于心理柔弱，与前一种啼哭的原因恰恰相反，所以应当用温和的方法去对待。最初，对儿童可采用的合适方法有劝说、转移注意力或是在他们哭泣时进行取笑等。不过在这里，事情的情境以及儿童的情境必须加以考虑，没有什么一成不变的规则，应由父母或教师去酌情处理。但是，我也可以概括地说一句，即使是这种啼哭也应该每次遭遇冷眼，做父亲的人应永远利用自己的威信，兼以严峻的脸色及严厉的言词，这样去阻止啼哭的发生，脸色及言词要随儿童年龄渐长及气质逐渐坚定而做相应调整，不过总要以能够制止他们的啼哭、能够结束无序状态为度。[1]

7. 怎样培养刚毅勇敢的精神

洛克认为，绅士肩负着发展壮大资产阶级统治力量的阶级使命，刚毅勇敢的精神是他们应对未来工作和人生必不可少的品质，洛克认为这是绅士一定要具备的高贵的、充满阳刚之气的镇定功夫。洛克告诉家长，在儿童年幼时一定极力使他们避免惊吓，因为他发现，很多人表现得懦弱就是年幼时疏于这种照料；与此同时，还要进行有意识地锻炼，让儿童逐渐习惯他们过度畏惧的事物，这种锻炼最好从儿童降生后就开始，因为那时他们对一切都持无所谓的态度。

刚毅是其他一切德行的保障与支柱，一个人没有勇气很难恪尽职守，从而不具有一个真正的有价值的人该具有的各种品性……我以为真正的刚毅是：当一个人无论被什么灾祸或危险缠身时，都能镇定自如，不受干扰地尽其职……

要获得这种高贵的、充满阳刚之气的镇定功夫，第一步是，当儿童年幼时，极力使他们避免一切惊吓，不要使他们听到任何胆战心惊的谈话，也不要使他们看到恐怖的东西，从而受到惊吓。这些常常会使他们的精神受到惊扰与损害，乃至失

---

[1] 杨汉麟译. 教育漫话（全译注释本）[M].北京：人民教育出版社，2000.103—107.

常，以后再也无法恢复。在他们的一生中，只要听人一提到或是想到任何恐怖的念头，他们就会惊慌失措、方寸大乱，身体瘫软如泥，精神紊乱不堪，这种人几乎不可能做出任何沉着镇定或者合理的举动来。这种情形的产生不知是否由于第一次的印象过于强烈，以至形成了血气方面的习惯反应，或是此外还有更加难以说明的原因，导致体质的改变所使然。但是，事实的确如此，明明白白摆在那里。诸如这种因年幼时受到惊吓导致精神脆弱、怯懦并且贯穿一生的人是到处都可见到的，所以应该尽量加以防范。

第二步就要使儿童对他们过度畏惧的事物逐渐习惯。不过，你在这里需要格外小心，决不可草率行事，也不可过早纠正，以免不但不能医好恐惧的毛病，反而导致病情加重。怀抱中的婴儿可轻易将恐怖的事物置诸脑后，在他们学会说话以及明白大人对他们说话的意思之前，他们几乎没有能力去推理及讨论，但是人们只有运用这种能力，才能让他们知道那些恐怖的、我们要他们逐渐接近与习惯的东西其实并没有害处。所以，在他们能自如地行走、说话之前，这种方法是很少用得着的。但是，倘若婴儿不喜欢任何易逃脱视线以外的东西，一旦看见有表示恐惧，那么，你便应当转移他们的心思，或给那些东西加上一层赏心悦目的外表等，采用这样的方法去逐步消除恐怖，直到他们看习惯了，不再反感为止。

第三步，因为儿童恐怖的重要基础是痛苦，所以使儿童变得刚强的办法就是使他们习惯吃苦……第一件应做之事是，不要看见儿童每遭不测、受了一点痛苦就去表示同情，或允许他们顾影自怜。接下来应做之事是，你要有时故意让他们受点苦，不过一定要当心，这件事要在孩子心情愉快并且知道使他受到伤害的人对他原本是怀着善意及心存仁爱之心的时候去进行。实行时，一方面不可有愤怒或不高兴的迹象，另外也不可表示同情或后悔，而且所施加的痛苦要使儿童能够忍受得住，不要弄出怨恨，发生误会，也不可被他看成是一种惩罚……

通过这种步骤,当他变得足够果断后,凡是自己应做之事,他就不至于因隐藏着危险就止步不前,当他遇到突发的或恐怖的事件,也不会由于害怕而六神无主、浑身战栗以致不能行动,或是抛开去躲避,这时他就具备了一个理性动物所应具备的勇气了。[1]

8. 人道情感的培养

人道主义是起源于欧洲文艺复兴时期的一种思想体系,提倡尊重人、关怀人,排斥教会对人的束缚,主张以人道取代神道。那么,对绅士进行人道主义情感培养自然是资产阶级发展所需要的。为此,洛克专门论及了这个教育问题,他提出了两种培养儿童人道情感的方法,一是教育他们不要虐待和摧残弱小动物,二是要礼貌地对待身份谦卑的人。

有一种情况我常在儿童身上看见,这就是,他们如果弄到了一只可怜的动物,往往去错误地对待,他们常常折磨或是极其粗暴地对待小鸟、蝴蝶,以及其他落到他们手里的弱小动物,并对这种做法引以为乐。我觉得他们这种情形颇应引起人们的关注,如果他们表现了这种残忍的倾向,他们应获得反其道而行之的教导。因为虐待和杀戮动物的习惯可能迁移,使他们即使在对待人类时也逐渐具有铁石心肠,凡是以虐待和摧残弱小动物为乐的人,对于同类也不会十分仁慈。正是由于注意到了这一点,我们不让屠夫参加生与死的审判。我们在教养儿童时,从一开始就要使他们把杀戮或折磨任何生灵看成是一种令人深恶痛绝的行为,要教导他们,不去破坏或毁坏任何事物,除非是为了保存其他更高贵的动物,或者为了更高尚的目的。[2]

在年轻人身上养成人道情感并使之勃发生机的另一途径是:使他们在言谈举止及行为举止上习惯于以礼貌对待那些身份卑下的人,尤其是仆人。人们熟视

---

[1] 杨汉麟译,教育漫话(全译注释本)[M].北京:人民教育出版社,2000.108—113.
[2] 杨汉麟译,教育漫话(全译注释本)[M].北京:人民教育出版社,2000.113.

的一种现象是：绅士家庭的儿童使用粗暴的言辞、轻蔑的称呼、傲慢的举止去对待家中的仆人，好像这些仆人是属于比他们低下的另外一个种族和种类。不管这种情形是由于邪恶的榜样，还是由于财大气粗，或是由于其天生爱慕虚荣造成的，均应加以防范或消除，应使他们以一种温和、有礼、和蔼的态度去对待下人，以此取代前述的傲言恶行。如果他们爱护下人，外表上又对他们彬彬有礼，使下人在服从中分享主人的器重，他们的尊严丝毫不会因此而受损，他们的高贵地位及威望反而会提高，仆人们将更自觉自愿地为主人效劳，他们发现自己并不是由于财富才拜倒在主人的脚下、遭受主人的驱使。[1]

9. 儿童的撒谎与对策

洛克告诫教育者，撒谎是一种非常恶劣的品质，是许多恶德败行的温床和庇护所，必须加以防范。儿童撒谎一般是为了掩饰自己的过失，教育者绝不能小视而放任不管。但是，对待儿童撒谎行为一定要讲究方式方法，当问及某事时，发现他言辞支吾搪塞，就应该严重警告他说出真相。如果他爽快承认了事实真相，就应该表扬他的坦诚而原谅他的过失，而且以后不许提及，不能让他感觉到做一个坦诚的人有任何极小的不便；如果他以假话搪塞，那么就应该责罚他；如果你暂不能确定他遁词里的虚假真相，那姑且当成真话，且不留一丝怀疑，维护好他的名誉，因为一旦使他名声扫地，也就失去了对他的支配权。

撒谎是遮掩任何过失的一种现成的便捷的方法，因此它在形形色色的人群里面颇为流行，要使儿童察觉不到别人在各种情况下撒谎是很困难的，所以，若不特别留意，小心防范，他们是很难不学会说谎的。但是，说谎是一种恶劣的品质，是许多恶德败行的温床和庇护所，所以将一个孩子从小带大时，应尽可能地

---

[1] 杨汉麟译，教育漫话（全译注释本）[M].北京：人民教育出版社，2000.115.

使他们憎恶这种行为。如果有机会当着他的面提到说谎这件事情时，应当总是表示极端的憎恶，将其视为一种与绅士的声名和品格决不相容的品质。凡是稍有信誉的人都不能忍受说谎的非议，它是一个最可耻的标记，一个人会因此落到最羞辱的下贱境地，乃至跻身于那些极可鄙的人类及极恐怖的流氓的行列，凡是和上流社会人士交往的人或是在社会上还有点声誉的人，对它全不能忍受。当儿童第一次被发现说谎时，你最好将此看作他身上一件匪夷所思的事情，表示惊愕，而不可把它当作一种普通的过失去责备。如果这还不足以使之改邪归正，当故态复萌，重犯类似错误时，他就应受到严厉的斥责，并遭到父母亲以及一切注意到了此事的人的唾弃。万一这种办法仍未奏效，你就应当借助鞭笞了，因为他在受上述警告之后还有意说谎，那就是一种顽梗的表现，这是绝对不允许不遭惩罚而轻易逃脱的。

　　儿童由于害怕自己的过失被他人看得清清楚楚，无所遁形，所以他们也像亚当的其余子孙一样找借口。这种缺点与虚伪相差无几，而且可导致虚伪。所以，如果有某事要问儿童，如果他最初的答复是一种遁词，你就应该严厉警告他，令其说出真相，万一他仍用假话搪塞，就应受到责罚，不过如果他爽快地承认了，你就应该表扬他的坦诚，原谅其过失，不管有怎样的过失，既然原谅他了，以后切不可再因此而斥责他，或者再提及此事。因为假如你想使他热爱坦诚，并通过经常实践而成为习惯，你就应该当心，不可使他因为坦诚而感到任何极小的不便。相反，他的坦白认错，除了永远不会令他受到处罚之外，你还应该用些称誉去加以鼓励。假如你不能证实他的遁词里有虚假的成分，你就姑且把它当成真话，并不要流露一丝怀疑。你应使他在你面前保持最好的声誉，因为一旦他知道自己名声扫地，你也就失掉了对他的一种重要的乃至最佳的支配权。所以，你要在可以尽量避免而又不至助长他说谎的范围内，使他在你跟前不要觉得自己是个说谎者。他说话有时信口开河，与事实有所出入，是可以忽略不计的。不过，一旦他因说谎受到了矫正之后，如果发现他又再犯同类错误，你是绝不可原谅他的，因为这种过失是一直禁止他犯的。假如他不是有意，本可避免，所以再犯就完全是顽梗的表现，对此有意冒犯行为，应严惩不贷。[1]

---

[1] 杨汉麟译，教育漫话（全译注释本）[M].北京：人民教育出版社，2000.126—127.

六　论智育

（一）智育在教育中的地位

智育在洛克的绅士教育中居于次要的地位。洛克认为，读书、写字和学问，是必要的，不过不是主要的工作而已。学问是应该有的，但是他应该居于第二位，只能作为辅助更重要的品质之用。因为对心地良好的人来说，学问对于德行与智慧都有帮助，有助发展其理性、增长其处理事务的能力。但是，对心地不是那么良好的人来说，学问就徒然可以使得他们更蠢，变成更坏的人。洛克的智育并不是要造就学术人才，而是造就有教养的实际有用的人才。

我将智育放在最后，你也许会觉得奇怪，假如我说我认为智育不重要，你会很难理解，从一个书呆子口中更不可能说出这样的话。通常大家为儿童殚精竭虑的不全是智育，但主要是智育，人们只要谈到教育时，所想到的几乎也只有智育一件事，所以我的说法显得就更不可理解了。[1]

读书、写字和学问，我也认为是必需的，但却不能作为主要的工作。我想，如果一个人竟然不知道将一个有德行的或者有智慧的人看得比一个大学者更加可贵，你也会觉得他是一个愚不可及之人。我并不否认，对于心智健全的人来说，学问对于德行和智慧都是有帮助的，同时我们也得承认，对于心智不是那么健全的人来说，学问就徒然使他们更加愚蠢，乃至沦落……学问固然不可少，但应居于第二位，只能作为辅助更重要的品质之用。你所要寻找的是一个知道怎样去小心地

---

[1]　杨汉麟译，教育漫话（全译注释本）[M].北京：人民教育出版社，2000.141.

形成他的态度的人，你所托付的人要能保持他的纯真，培养他的优点，温和地改正和消除他的任何不良倾向，使他养成良好习惯。这才是主要之点，有了这一点，我觉得学问极容易用我们能够想到的办法去获取。[1]

(二) 智育的具体实施意见

1. 如何诱导儿童学习

洛克认为，用责骂的方法强迫儿童呆读死记枯燥无味的书本，不仅浪费了他们的时间与精力，而且会使他们憎恶书本、讨厌学习。洛克建议教师根据儿童的年龄特征加以诱导，把教学变成儿童喜欢的游戏，使他们把学习看成是一种游戏或消遣或奖励去追求，这是一种轻松愉快的情感体验，使他自己要求学习。

你应该极力注意，决不可把读书当做他的一种工作，也不可使他把读书看成一项任务。我已经说过，我们甚至从摇篮时起就是自然而然地爱好自由的，所以我们对于许多事情之所以感到憎恶，不为别的，只因那些事情强加给我们的缘故。我常发一种奇想：学习可以变成一种游戏、一项娱乐，觉得如果学习被儿童当作一件充满荣耀、名誉、快乐及娱乐意味的事情，或是把它当成了做某事的奖励。假如他们从未因为忽略了学习就受到责备或惩罚，他们一定会向往受教的。[2]

如果你对儿童留心观察，就会发现，他们常常花费很大力气去学习几种游戏，那些游戏假如是由别人强加的，他们就会畏惧，就像畏惧任务与工作一样。我认识一个极有身份的人，他将六个元音粘在一个骰子的六个面上，而把其余十八个辅音字母分别粘在另外三个骰子上面，将此作为子女的一种游戏，看谁一次用这四个骰子掷出的字数最多，谁就将获胜。他的长子那时还是一个穿着童装的幼儿，全

[1] 杨汉麟译. 教育漫话 (全译注释本) [M].北京: 人民教育出版社, 2000.142.
[2] 杨汉麟译. 教育漫话 (全译注释本) [M].北京: 人民教育出版社, 2000.143.

身心地投入这种游戏，在玩耍中自己就学会了拼音，他从未被迫向学，亦从未因此受到训斥。[1]

2. 如何培养儿童好奇心

洛克认为，好奇心最能激起学生的求知欲望，有了好奇心，儿童自然对知识学习产生渴望，从而主动去寻求真理。如何培养儿童的好奇心呢? 洛克指出了几种行之有效的方法: 第一，教育者要重视和鼓励儿童的提问，要尽量按照儿童的年龄与理解水平来认真地、正确地回答儿童提出的问题，满足他们的好奇心理; 第二，当着儿童所敬仰的人的面来赞扬儿童的求知欲望，这样可以使他们追求知识的好奇心更加强烈、更加喜欢知识; 第三，回答儿童的问题不可弄虚作假，即使不是重要的问题，也要认真回答; 第四，对于暂时还不适合让儿童知道的知识，一定要跟他们实事求是地讲清楚。

儿童的好奇心是一种追求知识的热望，因此应加以鼓励，这不仅因为它是一种令人欣慰的迹象，而且因为这是自然为他们提供的扫除天生愚昧的优良工具。如果缺乏这种急切的求知欲，无知就会将他们变成呆滞无用的动物。我认为，鼓励好奇心，使之处于经常旺盛的活跃状态的方法有以下几种:

第一，无论儿童提出什么问题，切不可制止或羞辱，也不可使他受到讥笑，你应该按照他的年龄特征与知识容量，回答他的一切问题，解释他所想要明白的事物，使他尽量懂得。不过，你的解释或观念不可超过他的悟性所及，眼下无用的形形色色的事物不宜多提，免得反而把他弄糊涂。你要注意他的发问的目的，而不要注意他发问所用的言词。一旦你告诉了他，使他得到满足之后，你就可以看到，他的思维本身就可以扩大，适当的答复可以引导他前进，乃至超出你所想象的限度。因为知识之为悟性所喜悦，犹如光鲜之为眼睛所喜悦。儿童极端喜欢知识，尤其

---

[1] 杨汉麟译, 教育漫话 (全译注释本) [M].北京: 人民教育出版社, 2000.145.

当他们知道自己的问题引起了注意，以及他们的求知的欲望受到了鼓励与赞扬时，更是如此。

第二，除了认真答复儿童的提问以及告诉儿童那些他们急切想了解的事情外，还可以采取一些特殊的称誉的方法。你可当着他们的面，告诉他们所敬重的人，说他们懂得某某事情了。我们从摇篮的时候起就都是一些自夸自负的动物，不妨让他们的虚荣心在有益于他们的事情上面得到鼓励，应当利用他们的自负心理使他们去做有益于其长处发展的事情。立足于此，你将会发现，要使年长的孩子通晓你要他学习的事物，且能独立求知，最好的鞭策莫过于让他去教他的弟妹。

第三，儿童问题不可忽视，甚至还应格外注意，以确信他们从未得到虚妄的、困惑难解的答复。如果他们受到了轻视，或者受到了欺骗，他们是容易察觉的，他们很快就会效仿，学会忽视、佯装及伪善等伎俩。在一切交往中，我们全都不可侵犯真理，尤其在与儿童交往的时候，因为如果我们跟他们弄虚作假，我们就不仅仅是愚弄了他们的期盼，阻碍了他们的认识，而且也毁坏了他们的纯真，使他们学会了最坏的邪恶。他们是新到陌生国度的旅行者，对于当地的情形一无所知，所以我们应该凭据良心，不要把他们导入歧途，虽然有时候他们提出的问题好像不很重要。我们也应该认真地回答，因为它们在我们看来虽是一些并没有发问价值的问题，但在完全不知道的人看起来还是十分重要的。

第四，通过使儿童领略新奇的事物，引发问题，并提供机会让他们自己去求得了解，以激发他们的好奇心，这在有时也许不能视为不智之举。万一他们的好奇心关注的问题不是他们所应知道的，你最好坦诚地告之：这是一件眼下你们还不宜知道的事情。不宜用假话或琐屑、不得要领的答复去加以搪塞。[1]

[1] 杨汉麟译, 教育漫话 (全译注释本) [M].北京: 人民教育出版社, 2000.116—118.

3. 怎样矫治儿童的闲荡懒散

这段内容原本被洛克放在了"德育"一节，考虑到这段所谈的问题更与智育有关，便做了调整。洛克发现，儿童的闲荡懒散是影响学习状态和效果的一个重要原因，而且是最难矫正的顽症。一种闲荡懒散是对于自己不感兴趣的事情，教育者应该态度很平和地告诉他弊端所在，生效固然好，如果不生效，教育者就应该羞辱他，如果屡教不改，那么干脆让他放下学习，让他做他最喜欢做的游戏、时刻不停地做，直到他想换个口味来读书。洛克认为一种是无论做什么事情都闲荡懒散。另一种闲荡懒散乃是天生的气质缺陷，对什么东西都漠不关心，那么教育者就要努力去发现他心里还有什么特殊倾向，然后激发和鼓励他的这种特殊倾向，使之逐渐振作，逐渐唤醒他的欲望。

人们在观察儿童时会发现，与上述好问的脾性相反，他们有时把任何事物都置诸脑后，漠不关心，甚至在他们的正经工作上也是一味地闲混。在我看来，这种闲荡的性情乃是儿童身上最坏的一种品质，因为它是出于自然的又是最难矫正的一种顽症。不过，我们有时容易误诊，所以当我们有时埋怨儿童在读书或工作上闲混时，我们应小心做出正确的判断。做父亲的人头一次怀疑儿子具有闲荡性情的时候，应对他仔细观察，看他是不是在一切行动上都显得漫不经心、冷漠乏味，还是只在某些事情上面显得迟缓与懒惰，而在别的事情上面却又表现得生机勃勃。因为我们虽然发现了他们读书不用心，把在书房里读书的大部分时间都蹉跎掉了，还是不能够立刻就得出这样的结论，即这些都是因为他的闲荡脾性的使然。那也许是一种孩子气，觉得别的某些事物比读书更有趣，并一门心思地想着那些事情……如果他的懒惰只限于读书的时候，我觉得那也许是容易医治的，如果根源在气质方面，那就需要多费一些气力、多给予一些关注才能治疗痊愈。

如果你看到他在工作的间歇做游戏或者做别的他所愿沉浸于其中的事情时

是很热心的，你就会知道他本身并不是偷懒，只是因为书籍枯燥乏味，方才不予注意、不肯用功。为此，第一步就要设法把偷懒的愚蠢之处和弊端和善地告诉他，说他这样一来便耽误了好些本可以花在其他用途上的时间。不过，谈话的时候态度一定要恬静、和蔼，开始不必絮叨不休，只要简单地说明这种平易的道理即可。如果这种办法生效，你就算是用了最合适的方法即理智与和善达到了你的目的。如果这种比较温和的办法未曾奏效，你就不妨羞辱他，每天当他走到桌子旁边的时候，假若没有生人在座，你就不妨问他，看他那天做事花了多少时间，使他为自己的所作所为感到羞愧。如果他在应该完成的时候还没有做完，你就可以把这种情形宣布出来，使其尴尬，不过不可掺杂斥责，只要给他一点冷淡的脸色即可，一直到他改正为止，他的母亲、教师以及一切周边的人都要同样对待他。如果这种办法还没有产生你所期望的效果，你就可以告诉他，再无须烦扰教师去教他了，你也用不着再花钱去请一位教师陪着他无聊地消磨时光了，他既然不爱书本，而钟情于这种或那种活动，从此以后便只能专心致志于那种活动，然后极力敦促他去做他喜好的活动，要他不分黎明傍晚，专心去做，一直到他做够了，宁愿换换口味再去读几小时书为止。但是，你这样把游戏当作工作让他去做时，你一定要亲自或派人监视他，要使他接连不断地做，不准他在那里再偷懒。我说你要亲自去监视，因为为人父者，无论有何等重要的事务缠身，都值得花两三天工夫在他的儿子身上，去为他矫治这种在正经工作上闲荡的严重缺点。

假如他的天性存在缺陷以致精神沮丧，自然而然地淡漠慵懒，耽于梦想，那么，这种没有出息的性情是不容易对付的，因为在此情形之下，他对于未来的事情一般并不关心，这种性情缺乏行动的两大动力，即远见与欲望。对于冷漠的扭曲的性情，问题就在于如何培植并且增进其远见与欲望。你应仔细考察，看他是不是什么都不喜爱，你要知道他最热衷的是什么，如果你能发现他的心里具有某种特殊的倾向，你就应尽力去增进那种倾向，并利用那种倾向去使他工作、去激发他的勤奋。假如他喜欢赞誉，喜欢玩耍，或喜欢漂亮的衣服等东西，或者相反，他怕痛苦、怕羞辱或者怕你生气，诸如此类等等。无论他喜欢的是什么，只要不是慵懒，你不必担心将欲望发展得过头而将其掩藏起来。欲望正是你所需要的，所以你应尽力去唤醒它、增进它，须知，欲望不现，努力不再。如果这种方法还不能充分地支配他，激发他的精力与活力，你就应使他从事一些经常性的体力劳动，这样也许可以使他养成一种做事的习惯。本来，令其努力是使之养成锻炼及运用心智习惯的一个最佳途径。但是，由于这一做法难以观察，谁也不知道他究竟是不是在偷懒。所以你必须给他找些体力活，使他经常地忙于其中，无暇他顾。如果那些体力活有些难做，令人羞辱，那也无妨。因为这样一来，它们就更容易使他感到厌倦，使他想回到书本中去。不过你必须确信，当你用书本替他交换别种劳动的时候，你所安排的工作和工作的时间必须使得他即使想偷懒也无机可乘，只要到他在你的引导之下注意书本、发奋攻读之后，你才可采取另一种做法，即当他在规定时间内学习完毕后，作为一种奖励，使他从别种劳动得到一点休息。随着他越来越执着于他的学业，这种劳动也可相应减少，直到最后，他的闲荡、疏于书本的毛病治愈时，就可完全取消劳动了。[1]

4. 怎样使儿童的注意力集中

洛克认为，导师的巨大技巧在于集中学生的注意，并且保持他的注意。为了实现这一点，洛克建议教育者在教学中应该使儿童尽量明白并且体会到学习的好处，同时教师也要以和蔼可亲的态度面对学生，使学生感觉到老师是在意他、爱他的。

我知道，做教师的人常用的方法是，努力使学生注意力集中，如果发现学生有一点走神，他们就用训斥与惩罚去使他们将心思固定在当时所进行的事情上面。

---

[1] 杨汉麟译. 教育漫话 (全译注释本) [M].北京: 人民教育出版社, 2000.119—122.

但是，这种方法所产生的效果必定适得其反。教师激愤言词或打击使儿童的内心产生恐怖，并迅速蔓延开来，占据了他的整个心理，使它再没有空间容纳别的事物。

教师的突出技巧在于集中并且保持学生的注意，一旦办到之后，他就可以在学生能力所及的范围内向前推进。如果不能集中且保持学生的注意，他的所有辛苦忙碌就会无的放矢。为了达到此目的，他应该使儿童理解他所教授的东西的用途，应该让儿童知道，利用他所学过的知识，他就能够作出以前所不能做的事情。这种事情能给他以力量，使他具有真正的优势，凌驾于对此一无所知的人之上。此外，教师在他的一切教导中还要显得和蔼可亲，他可通过谦和的举止，使学生知道教师是爱他的，教师的良苦用心只为了自己好，这是在儿童身上激发爱心、使之一心向学、热爱教师教导的唯一方法。[1]

[1] 杨汉麟译．教育漫话 (全译注释本) [M].北京: 人民教育出版社, 2000.157—158.

下编　斯宾塞教育名著导读

一　斯宾塞生平介绍

赫伯特·斯宾塞（1820-1903），英国著名哲学家、社会学家和教育改革家。他出生在一个有着很高声望的教师家庭，祖父、父亲都是教师，四位叔父中，有两位也是教师。斯宾塞的父亲和其中的一位任教师的叔父对他早期教育和人生产生了重大的影响。斯宾塞的父亲乔治亚·斯宾塞是位少有的优秀教师，善于思索，非常正直健谈，而且愿意倾听别人的意见，在教育中鼓励学生怀疑一切，让学生通过自己的经验和发现去学习。

斯宾塞4岁前，由于父亲一面在学校里教书，一面在家里兼收私塾弟子，又担任德比哲学会的荣誉秘书，过度劳累，身体衰弱，精神烦躁，因此没有给斯宾塞更好的教育影响，斯宾塞在《自传》中写道："我毫不怀疑，如果父亲健康良好，我的早年教育会好得多，因为不仅他的身心状况使他无法像他希望的那样对我的智育更多注意，而且烦躁和抑郁也难以使行为亲切和蔼，影响了对儿童的优良品性的培养。"[1]后来，不得不停止工作，易地休养，父亲对他的有益影响应该是从此之后的事情。鉴于斯宾塞体质并不健壮，以及父亲因劳累过度而导致身体欠佳，所以，父亲没有让他接受学校的教育和训练，也没有要求他进行大量的上课学习，斯宾塞过着很悠闲愉快的生活，从那时起他就对死记硬背深恶痛绝。父亲在家里教他写字，他学习很快，但并不十分勤奋，不要求多学一点，也不去复习已学过的知识，父亲对他也没有严格的要求，导致他的知识基础并不扎实。斯宾塞在《自传》中指出，这导致他在阅读方面远远落后于其他儿

---

[1]　转引自胡毅，王承绪译，斯宾塞教育论著选[M].北京：人民教育出版社，2005.7.

童。三年后，已经7岁的斯宾塞又随父母一起重返家园，父亲担心他承受不了过度的紧张，对他的学习仍不勉强。斯宾塞家屋后有一个较大的园地，有不少果树，还可以种植花卉，父亲又在旁边租了一块地作为菜园。父亲要求他必须参加园艺工作，他常感工作太多，便愿意去从事一些别的活动，如用石块打栖息在墙上和篱笆上的鸟，观察菜豆花上的蜜蜂怎样刺穿花冠的底部采到花蜜，在有积水的废弃的唧筒水槽观察蠕动到水面的小昆虫的幼虫，看它们伸出嘴巴呼吸……只有在星期六下午，他和学校里的儿童一样获得休闲时间，到乡间闲逛。可能是生活的无拘无束使然，斯宾塞思想意识上喜欢空想，而且充满激情，空想的激情使他对阅读小说充满了兴趣，尽管阅读能力十分有限，但他很快克服了。大约在斯宾塞十一二岁的时候，父亲因健康缘故不能亲自对他加以教育，就把他送到了学校。斯宾塞就读的第一所学校，老师很呆板，没有能力使他对学习产生兴趣。然后叔父继承祖父的学校停办几年后重新恢复，斯宾塞开始跟随叔父学习，叔父教学工作做得相对较好，斯宾塞的学习有了很大的进步，加之自己之前的生活经验，他对物理学和化学的各种现象懂很多，特别是对昆虫生活的知识，也获得了一点机械、医学、解剖和生理学的知识，还有很多有关世界各地和居民生活的知识。这是斯宾塞十三岁以前的学习。最值得一提的是，他的心智获得了不寻常的训练，父亲让他在各个方面都采取自助的方法，养成了一种自己探究的习惯，而且，父亲从不诉诸权威，使得斯宾塞具有自己判断的独立性。

十三岁时，斯宾塞的父母带他到另一担任教师的居住于欣顿的叔父家里，目的是让叔父指导他学习数学和语文，希望他以后报考他叔父的母校——剑桥大学圣约翰学院。历经两天的辛苦旅途，他们来到了欣顿，一切都是新鲜的，斯宾塞非常高兴。斯宾塞本来以为是到叔父家度假，但几天以后，叔父安排他学习，由于他不爱学校和学习，这使他很不愉快。四个星期之后，他意识到自己将长期留在欣顿，这使得他非常吃惊。他过去在家的生活从来不像在叔父家如此严格，所以他非常想家，后来终于决定回家。他以母亲给他的仅有的两先令零用钱步行回家，经过两个不眠之夜，步行了三天，期间只买了一便士面包和三瓶啤酒。回到家里，身体大伤，父母惊恐不已。经过与叔父书信交流，斯宾塞在家逗留半个月后重返欣顿叔父家。带着明确的学习目的，叔父对他又很友好，斯宾塞对学习并不觉得难受了。斯宾塞这样总结三年的学习收获："在身体方面肯定是有利的，我回到家里时身体强壮，健康良好，身高5英尺10英寸。农村生活和气候无疑使我获得了好处；智力方面收益很大……要不是来到欣顿生活，我可能懒散度日，几乎什么都学不到；道德方面，对我生活的安排也是有益的。"斯宾塞对自己的叔父和婶母充满感激之情，他在《自传》中说："他们以极大的耐心执行一件似乎没有指望的任务。要是我处于我叔父的位置，我想，也许我已很快撒手不干了。关于我的婶母，我可以说她表现了非常体贴的情感和强烈的责任感……我该大大地感谢他们。他们必须对付一个难于管教的材料——一个太倔强不易模塑的个性。" [1]

斯宾塞十七岁回到家乡之后，开始考虑就业问题。斯宾塞家里有世代为师的背景，而且在父亲眼里，没有什么职业比教师职业更高贵，但是，斯宾塞觉得教师没有受到人们的高度尊重，因而不大愿意当老师。斯宾塞在《自传》中说："要不是我父亲本性不会搞什么阴谋，也许我会认为是父亲密谋使我选择了教师职业。" [2]1837年7月，父亲告诉他，他童年时代的老师马泽先生失去了助手，无法找到另一个助手，问他是否愿意当助手，直到他找到助手为止。斯宾塞想，自己回家已经一年多了，无所事事，便答应了父亲的要求，尽管这违背了斯宾塞自己的意愿。斯宾塞在教学中主要效仿他的父亲，部分地通过自身的经验，在教学中更多地采用自然的方法，而不是呆板机械的方法，教学效果很好，同时

---

[1] 转引自胡毅，王承绪译，斯宾塞教育论著选[M].北京：人民教育出版社，2005.15.
[2] 转引自胡毅，王承绪译，斯宾塞教育论著选[M].北京：人民教育出版社，2005.16.

由于性格的豁达开明与善解人意，所以深得学生欢迎。在为期三个月的教师生活中，斯宾塞与学生结下了真挚的友谊。曾经有人认为他不能与学生和谐相处，他说："如果他这么想，那就错了。一个天性倾向于反抗压制的人，如果他有一些同情心，他就会不喜欢行使压迫。我之所以说要有一些同情心，是因为，如果没有同情心，他就可能我行我素，而顾及别人的要求。但是，如果他具有一定的友情，那么，他的心理在一定程度上就己所不欲勿施于人。至少我在和成人社会交往中谋求表现的性格，就是我和学生交往中持有的性格。我的经验延续了三个月，在很多次星期六下午的野外郊游中，我一个人照管孩子，师生之间没有发生任何困难——没有一方行使权威而另一方反抗这种情况。"然而，在谈到以教师为职业是否能够成功时，斯宾塞陷入了矛盾。斯宾塞颇为自信的一面在于，如果自己创办一所学校，按自己的计划实施教学，他能在学校教育制度改革方面探索出一些成功经验，由他来设计教育教学管理方法并负责监督实施，他都能做得很好。但是，他认为这只是理想的假设，在现实中，他又认为自己难以成功，他自己列举了三个理由：第一，我不喜欢机械呆板的成规，虽然自己制订的教育计划相对来说机械程度少多了，但还是很机械的，可见，斯宾塞性格成长中自由的成分对他的影响是极为深远的，他虽未明确指出，但是他很钟情于那种自由的、经验式的学习方式。第二，我非常不能容忍单调，但是教师的工作至少很大程度上是单调的。这在一定程度上也是他的性格使然。第三，我希望采用我自己认为的良好的教育方法、教育制度来实现我的教育理想，但这会引起家长的反对。由于我不愿意放弃我的教育计划，而大多数家长又可能坚持通常的类似课程的东西，这就必然导致我们之间发生严重的分歧。可见，斯宾塞苦于自己的教育理念与现实中通常教育观之间的冲突，他表达了自己的无奈、压抑的心情。所以，斯宾塞一生只是做了为期三个月的教师，他把这段经历称为"虚假的开端"，流露出自己对未能坚持做教育工作的遗憾与感伤。

　　三个月的教师工作生涯结束后，他开始了在伦敦为期八年的铁路建设和其他活动。当时，铁路建设是英国整个工业革命过程中的重要内容之一，这项极富有时代使命的工作对斯宾塞的人生产生了重要的影响，为他日后的著述生涯奠定了重要的基础，但并没有使他在这个领域坚定地走下去。斯宾塞认为，自己虽然具有创造的禀赋，但是他性格中不注重规例、缺乏耐性等将导致他会犯错误，另外，他也发现土木工程和其他很多职业一样也是很机械呆板的，他还不善于取悦上司，等等，他对这项工作没有继续尝试。但是，这项工作同时也为他开辟了另一种生活道路，他在铁路建设工作期间，积极参加了伦敦的宪章运动，从此他对政治产生了兴趣，以致后来他和对政治很感兴趣的叔父进行多次书信交流，还曾特意重返欣顿与叔父交流政治观点，是叔父把他的信介绍给自己的朋友——杂志的主编米亚尔先生，最后得以出版，他人生第一本著作就是写给叔父的十二封书信形式的论文，题目是《论政府的正当管理》。这部著作是斯宾塞走向另一种生活的第一步，他说："要是没有欣顿之行，要是没有和我叔父的这些政治方面的讨论，可能不会有写给米亚尔先生的介绍信，这第一封信就不会发表，其余几封信就不会写。如果没有写这些信，由这些信引起的《社会静力学》甚至也不会考虑，如果没有《社会静力学》，那么也不会有《心理学原理》的研究。如果没有从这些著作开始的关于一般生命的研究导致对生命现象和无机界现象关系的研究，就不会有《综合哲学体系》。"[1]可见，斯宾塞后来的著述生涯，缘于这场到伦敦工作的经历。

　　从28岁起，著述与学术研究成为了斯宾塞的终生职业。仍旧是在叔父的帮助下，斯宾塞认识了诸多出版界的人士，而且经常与叔父讨论有关伦理学、政治学、教育学、教育和一般的社会问题，这使斯宾塞的著述职业发展得十分顺利。1850年《社会静力学》出版后，得到了英国社会各界的广泛好评，这个时期

────────────

[1]　转引自胡毅，王承绪译，斯宾塞教育论著选[M].北京：人民教育出版社，2005.23.

应该是斯宾塞人生中最为快乐而安定的时期，接下来，他又相继出版了几十部著作，《教育论》是其中之一。斯宾塞很喜欢以文会友、以友辅文，这也是使他事业顺利进展的重要原因之一，他认为自己以后的工作生涯的性质，主要是由他和《经济学家》联系的这一时期所开始的思想和所形成的友谊所决定的。斯宾塞和当时很多英国的哲学家、经济学家结下了深厚的友谊，他们经常在一起切磋学问、交流思想，一个新的伟大的构想在这过程中悄悄孕育。1857年，已经博学多闻的斯宾塞开始决定建立一个庞大的思想体系，他要从低级的生物学的起源开始，到最后的伦理学为止。当时斯宾塞已经病魔缠身，健康状况导致他每天至多工作三小时，稿费收入变得很微不足道，叔父留给他的遗产也所剩无几，这个计划对他来说无疑十分艰难，尽管如此，斯宾塞还是勇敢面对挑战，努力完成了《哲学体系》、《生物学原理》、《社会学原理》、《伦理学原理》，实现了他的伟大构想。而且在垂暮之年，斯宾塞又完成了《自传》以及《思想的来源》、《事实与评论》等。在生命的最后两年里，由于疾病缠身，斯宾塞每天只能以10行的速度撰写，但他仍坚持自己的梦想，他觉得，经过五十年的写作生活后，要从这个习惯中解放出来是困难的。要是把陈述思想的工作突然停止，那样的生活将是非常沉闷的。

在19世纪的最后25年中，斯宾塞的思想受到了全世界的关注，他的著作几乎风靡全球，被译成多国文字，斯宾塞还被英国、意大利、法国、西班牙、美国、丹麦、比利时、希腊、奥地利、匈牙利和俄国等11个国家的32个学术团体和大学授予荣誉称号，1902年被作家协会提名为诺贝尔文学奖候选人。

二 《教育论》简介

19世纪，英国产业革命创造了巨大的生产力，人们的生产生活方式随之也发生了相应的转变。而当时英国大中小学的教育已不符合社会科学及经济发展的需要，为期三个月的教师工作生涯也使斯宾塞对教育问题有很多自己特有的看法，因此，他对当时英国依旧盛行的古典主义教育颇为反对，他呼吁，教育应从古典主义的传统束缚中解放出来，教育要适应人的生活与社会生产发展的需要。斯宾塞认为，教育的目的应该是为完满的生活做准备，可当时的教育恰恰相反，同人生事业最有密切关系的科目，几乎完全被学校忽视，教育机构反复强调的几乎全是一些迂腐的公式，那些受人称赞的装饰性的知识被放在第一位，而那些增进个人幸福的知识却被放在第二位。斯宾塞发表了关于教育问题的著作《教育论》和若干篇教育论文，在当时国内外都产生了重大影响，以致使其成为驰名中外的教育改革家。虽时过境迁，但斯宾塞的教育思想仍熠熠生辉。

（一）《教育论》之成书

斯宾塞的《教育论》，原是他在19世纪50年代为三家季刊撰写的四篇论文，《什么知识最有价值？》于1859年7月发表于《威斯敏斯特评论》，《教育的艺术》于1854年5月发表于《北不列颠评论》，另外两篇《德育》和《智育》分别于1854年4月和1859年4月发表于《不列颠季刊》，这几篇文章内容是各自独立的，但合编起来又是一个很完整的整体。1861年，斯宾塞对这四篇文章进行了些许的改动,分别以《什么知识最有价值?》、《智育》、《德育》、《体育》作为篇章名称,合并在一起,以《教育论》为书名出版。该书出版后的二十余年间,被翻译成了法文、德文、意大利文、俄文、匈牙利文、荷兰文等十五国文字,可谓风靡全球。即使在斯宾塞的影响衰落后,《教育论》仍然广受青睐。

早在1868年,斯宾塞《教育论》出版后不久,英国剑桥大学教育史讲师奎克就撰写评论,高度评价了斯宾塞和《教育论》,称斯宾塞是名副其实的教育改革家,称他的《教育论》是教育类的英语著作中最可读的著作之一,也是最重要的著作之一。《教育论》使奎克更加澄清了一种认识,他在评论一开头就讲到这个观点:"有一次我曾听到一位很有才能的教师说,一个对教育缺乏实际认识的人不能够写出任何值得一读的教育著作。我个人的意见和这种看法很不相同,我也不同意另外一位权威人士的观点,即认为实际教育工作使一个人不适宜提出有见识的教育观念。的确,这非常矛盾。但是我想,一个局外人,刚接触教育这个议题,不受传统与偏见的束缚,更可能击中真理。而过分注意实际困难的教师,也许不经帮助不能认识这些真理。因而,与教育工作没有联系的智者提出的理论,值得我们仔细而公正地考虑。"[1]

1908年,法国教育家龚贝雷撰写了《斯宾塞与科学的教育》一书,也就教育实践经验和撰写教育名著之间的关系问题表达了自己的观点。他说:"卢梭的例子已经表明,不管个人的实践和经验怎样有价值,但一位哲学家即使没有这些实践和经验,也能撰写出关于如何训练一个孩子的优秀论文来。为了阐明教学和教育的重要规律,并不绝对必须当过老师和教过一班学生。蒙田、费尼伦、洛克,不必再提别的人了,都已经证明,没有专业的头衔也能成为明智的教育家。"[2]龚贝雷引用了美国密歇根大学教授沛恩的称赞斯宾塞《教育论》的一句

---

[1] Robert Hebert Quick,Essays On Educational Reformers,Appleton,London,1924,PP.439—440.
[2] Gabriel Compayre,Herbert Spencer and Scientific Education,George Harrap,London,1998,PP.1.

话:"是卢梭《爱弥儿》之后的一部最有用和最深刻的教育著作。"[1]

斯宾塞一生只有三个月的教师工作生涯,而且终身未婚,他在《自传》中对自己是否有资历发表教育文章发表过看法,他说:"常常有人对我表示奇怪,作为一个未婚男子,我竟然对儿童管理问题感兴趣,而且竟然撰写有关儿童管理问题的文章,并取得一些成功。但是,和多数未婚男子一样,我有各种机会观察儿童,观察人们对儿童采取的行为以及取得的效果。常言道:旁观者清,这句话适用于家庭生活,也适用于其他的许多事情。不错,家庭的实际成员必然具有局外人所不能有的经验,但是,局外人的观点也有独特的价值,而且几乎是必不可少的价值。"斯宾塞还提到,他在伦敦居住时"经常花一点时间和儿童建立友好的关系,因为,对待儿童,我总感到要尊重他们的个性……家庭能提供很多观察和实验的机会,这些观察和实验后来在我探讨教育问题时证明是有用的"。

(二)《教育论》之思想基础

斯宾塞在《自传》中明确指出,他的各篇论文都贯穿了进化论思想。《教育论》的四篇论文也是以进化论为思想基础的。为了更深刻地解读斯宾塞的教育思想,我们有必要了解一下他在《自传》中对撰写《教育论》的有关说明。

第一章《什么知识最有价值?》,斯宾塞承认其与进化论没有直接关系,但是,这篇文章所主张的全面和科学的教育思想,坚持的就是进化论原理。他在《自传》中是这样讲的:"自这篇论文发表以来,科学的要求越来越被人们所接受,但是在论文刚刚发表的时候,文章所主张的古典语文的教学应让位于科学的教学,有百分之九的人都认为简直是荒谬。即使现在(1895年),人们虽然认识上已有所变化,但是给科学多让出一点位置仍是勉为其难的。在公学这种

---

[1] Gabriel Compayre,Herbert Spencer and Scientific Education,George Harrap,London,1998,PP.3.

地方,科学的位置是很小的。对于从未通过固定的文化课程接受偏见的人,和那些受传统与习惯的权威影响很小的人来说,对这种看法似乎是震惊的。设想一下,在几千年文明以后,流行的观念还是认为有关一个人身心特性与所生活的物质和社会环境的知识不重要,而是认为去掌握两个已经死去的民族语言、去了解他们的各种传说、战役和迷信以及那些大多属于血腥的成就,还有他们的各种神的犯罪却是非常重要的。关于这两个民族的事实和传说,在整个世界的创始中只占比较小的地位,而这个世界本身又是整个宇宙的一个无限小的部分,学生忙着学习它们,而把世界和宇宙放着不去研究。要希腊和罗马从来没有存在,人类生活以及生活的正常进行在本质上恰恰就是它们现在这个样子:生存或死亡、健康或疾病、繁荣或苦难、幸福或悲惨,恰恰将以同样的方式决定人们的行动是否适应要求。但是,时时刻刻与人们深切有关的促进适应能力的知识却被轻蔑地忽视,而对完满生活的最好准备却被假定是去熟悉两个民族的文字和思想,成功和灾难,愚蠢、罪恶与残暴。他们的智力肯定不比我们强,他们的道德标准无疑比较低,他们对内部和外部事物本质的认识也相对较差。更有甚者,将知识的指导价值变为知识的一般启发价值,我们对这种反常的现象感到惊异。学生一代一代地将时光浪费在古代抽象理论家的错误理论上(他们的推理缺乏适当的资料),而对于多少世纪以来所积累的和概括的材料、对能够辨别我们自己和我们周围环境的所有近代科学弃之不顾,或者如果提到近代科学,不过在空闲的时间提提,好像是一些比较不重要的东西。这种看法,将来可以作为人类所经历的奇怪的过失之一的例子。"[1]斯宾塞认为,随着人类社会的发展变迁,新的与人们生活密切相关的知识应该是最有价值的,而那些已经被装进历史博物馆的知识由于远离了人们的现实生活,就不应该继续作为最有价值的知识充斥人们的学习生活中。

---

[1] 转引自胡毅,王承绪译.斯宾塞教育论著选[M].北京:人民教育出版社,2005.36—37.

第二章《德育》，斯宾塞在《自传》中明确指出了进化论对于儿童品德形成的指导。他说："关于心智的发展过程，进化论有意识或无意识地在提供指导。因为遗传的体质必然是决定品格的主要因素，如果假定任何道德训练模式都能产生理想的人格，或者导向理想的品格，那是荒谬的。特别要坚持的道德教育原则是每一个行为必须体验到真实的感受。由于低级的生活方式的提高是通过随着这种或那种行为所带来的快乐享受或痛苦遭遇而达到的，所以，要使现在所达到的生活方式进一步提高，也必须通过快乐享受或痛苦遭遇来达到。从此可以得出一个推论，在我们和周围大自然的交往过程中，我们的大部分活动是不受限制的，但是那些带来惩罚的活动，在重复时会继续带来惩罚，因为大自然是不接受道歉的。所以，对于教育训练，虽然不应有不需要的限制，但需要的限制是应该没有变化的，而且是不可抗拒的。""这些指导原则充分表明道德教育如何可以完全理解为情感的性质的演进过程的终结——这个过程，在将来和过去一样，遵循同样的路线。"[1]可见，斯宾塞在道德教育问题上，主张的是自然后果论，这也属于其进化论的内涵之一。

第三章《智育》，斯宾塞在《智育》中指出，《智育》这一章是他的进化论思想发展到一个阶段的标志。他说："从教育的生物学方面来看，可以把教育看作是一个使有机体的结构臻于完善并使它适合生活事务的过程。低等动物可以在较小的程度上说明这个真理。鸟对羽毛新长出来的小鸟的行为、猫和小猫玩耍都表明它们在诱导小鸟、小猫锻炼它们的肢体、知觉和本能，强化它们，并对要求开始行动的各部分进行练习。在儿童方面，体育自然地受到自发的游戏的影响，同时也人为地受到体操的影响，明显的是肌肉的发展，也发展调节运动的神经和神经节以及在知觉方面使用的神经和神经节，每一位生理学家都会这样推论。同样，有一种发展伴随各种智力活动：就是大脑神经丛的完善。每学一堂

────────────────────

[1] 转引自胡毅，王承绪译.斯宾塞教育论著选[M].北京：人民教育出版社，2005.34—35.

课,每做一件事,每一次观察,都包含着一定的神经中心的某种分子的重新安排。所以,不仅是通过练习使各种官能适合他们在生活中的官能,而且获得用于指导的知识,从生物学的观点来说,都是结构对结构的调节。""上面一段话什么含义呢? 显然,教育中的方法必须与组织中的方法相对应。"[1]这就是斯宾塞的进化论,认为人心智的发展是从简单的生物反应到复杂的生物官能。《智育》一章中提出的很多教育原则,都是以此为基础的。

第四章《体育》,与第一章一样,虽然在理论方面不属于明显的进化论论文,但是理论基础仍是进化论。斯宾塞在《自传》中说:"不言而喻地承认在整个动物界养育幼崽时应遵守的原则,就是按照发育和组织的不完善程度,多给予,少要求。像低等动物那样,幼小时不断接受好处,少劳动。所以,我们自己,在幼年期,不要像成人那样劳动,要使生活有利于身体的发展,推迟需要巨大的和不断的努力的心智发展。和这个观点相协调,我们坚决主张,对身体健康来说,感觉是最可信赖的向导,不良的体育管理的危害,是忽视这些向导所造成的。虽然在文章中没有这样提,这条原则也是一条普通生物学真理的推论——这个真理就是,所有低级生活形式,不受命令、传统或信仰的控制,除了服从感觉,没有其他正确的身体行动的激励物:通过不能正确地适应需要的身体活动的不断消灭,保持并维护适应。因此,继承在通过低级的生活形式的进步中建立起来的种种调节,总的来说,我们的感觉是身体健康的可以信赖的向导。"[2]

斯宾塞所谓的进化论,首先肯定宇宙万物普遍进化,又指出这种进化是由于事物后面有一种神秘的"力"在起作用,是这种"力"的永恒存在导致了宇宙万物普遍的和永恒的进化。可见,斯宾塞是一外因论者,他的理论是形而上的、庸俗的进化论。斯宾塞把他的进化论作为他的教育思想的理论基础。尽管他的进化论存在一定的缺陷,但同时也包含了一定的进步性,从而使他的教育思想也

[1]　转引自胡毅,王承绪译.斯宾塞教育论著选[M].北京:人民教育出版社,2005.33—34.
[2]　转引自胡毅,王承绪译.斯宾塞教育论著选[M].北京:人民教育出版社,2005.35.

具有重要的科学合理性。

(三)《教育论》之篇章结构

　　《什么知识最有价值?》是对《英国皇家协会教育演讲集》一书的评论,文章以十分锋利的笔调,痛击了英国的传统教育,倡导用科学教育取代古典语言教学。斯宾塞的语气是极具进攻性的,他的建议也是革命性的,《教育论》问世后对各国教育改革都产生过积极的影响。英国伦敦大学教育哲学教授彼斯特指出,《什么知识最有价值?》是斯宾塞《教育论》四篇论文中具有永久性价值的一篇。彼斯特认为,当前政治家和工业家们都把缺乏科技人才的问题简单归咎于中小学和大学教育,是没有见地的,他认为斯宾塞强调的加强科学和数学课程才具有现实意义。关于当时英国学校教育教学的实际情况,达尔文在其《自传》中这样说:"对我的心智发展来说,没有什么比勃特勒博士的学校更坏的了。这是一所严格的古典派学校,除了少量古代地理和历史的知识外,再没有学到别的什么东西。作为教育的工具,这个学校对我简直是一片空白。""更多的注意力放在死记硬背前一天的功课上。这一点我非常容易做到,在早上做礼拜仪式时,学习四五十行维吉尔或荷马的诗。"达尔文和斯宾塞是同一时代的人,从他的描述可见,当时英国的教育,无论是教学内容还是教学方法都充满了陈腐之气。斯宾塞在撰写《什么知识最有价值?》的时候,开篇就抨击这种极不合理的情况,他说:"最重要的知识,那个使我们国家成长和作为我们整个生产力的基础的知识,是一种从街头到巷尾都需要的知识,而一些教育机构一致反复强调的却几乎全是一些陈腐的公式。"[1]斯宾塞这篇文章对英国以及其他好多国家教育改革发挥了积极的作用,具有永久性的价值。

---

[1]　转引自胡毅, 王承绪译.斯宾塞教育论著选[M].北京:人民教育出版社,2005.24.

　　《智育》是给《裴斯泰洛奇的生平和著作》、《语言作为智育和国际交往的工具》、《教育改革》、《小学教学原理》和《艺术教育初阶》五本书所写的评论，原题为《教育的艺术》。这篇文章提到了很多教育原则，例如，从具体到抽象、由简单到复杂等等，这些也都是老生常谈，进一步说明了这些教育原则的重要性。但是，斯宾塞过于自信和坚定的进化论观念，使他在论述教育问题时往往将其和生物学上的规律简单混为一谈，往往有时难以令人信服。比如，他在这一篇中提到的重演理论、愉快学习和发现学习，还是存在很大缺陷的。关于重演理论，斯宾塞是这样认为的，个人知识起源应该和种族中知识的起源是同一路径。这种理论本是生物学中的重演规律的一个分支，这种重演理论本身就是站不住脚的，斯宾塞又将其不加证明地推论到教育中来，必然要陷入误区。斯宾塞错误产生的原因主要是过分夸大了遗传的影响。斯宾塞主张学习必须是愉快的，他非常反对死记硬背，而且指出这是"自然的指示"，他认为，儿童的智慧本能比成人的推理要更可靠。影响和制约儿童学习的因素来自多个方面，斯宾塞对儿童的本能怀有太过夸张的浪漫理想，一味主张愉快学习，是不符合学习心理学规律的。怀德海提出的学习节奏三阶段思想，即奇异—精确—概括的节奏，说明愉快学习只是学习节奏的第一阶段，接下来还要更精确更标准的学习，需要付出意志品质。关于发现法，斯宾塞强调儿童自我发展的重要性，主张让儿童通过自己直接"发现"的方式去习得知识，他认为，教师讲述的方法容易使儿童厌恶知识。他还主张自然后果理论，认为儿童从他们自己的错误行为所产生的痛苦中学习，儿童对知识的学习也是如此。行为后果所带来的痛苦的确能够使儿童有所发现和认识，但必定过于随机，似乎将教育变成一种无目的无意识的活动，这种发现和现代教育中所讲的"发现法"还不可同日而语，现代教育中的"发现法"是将儿童放在高度组织的情境中去发现知识，以增强教学的效果。

《德育》是对洛克《教育漫话》、《李克特教育论》和《教育季刊（1831-1835）》的评论。在这一章，斯宾塞重点阐述了一种德育方法，即对儿童的惩罚应采取自然后果论，他的真正意图是告诫家长对儿童的惩罚要通情达理。

《体育》是对《论幼儿的生理学和道德管理》、《动物化学》、《化学生理学手册》、《论猎者的状况》、《解剖学和生理学百科全书》和《实用医学百科全书》六书的评论。斯宾塞在这一章里阐述了如何养育婴幼儿和维护身体健康，主张幼儿园和学校的生活制度要符合近代科学上确认的真理。在当时关于饮食、衣着等许多方面资料还不存在的情况下，斯宾塞总结出了很多科学合理的规则，不得不令人惊奇。

三　论教育目的与科学的价值

19世纪的英国，产业革命已经基本完成，手工工场式的生产已经被机器大生产所替代，英国成为世界上头号的工业强国。但是，在教育方面，传统的古典主义教育仍在英国教育领域占据着统治地位，尽管生产力的发展与科学技术的勃兴在客观上一定程度影响了英国教育的发展，但是，如果与德、美这样的先进国家相比，它的教育还是显得十分落后，自然科学与实用知识没有得到足够的重视。这与多年来英国"绅士教育"的传统不无关联，斯宾塞对英国教育中的崇尚古典主义而轻视科学教育的做法进行了尖锐的批评，指出这种做法完全是为了标榜自己受到过"绅士教育"，因为这标志着某种社会地位，因此来博得他人的尊敬，而这些知识对增进个人福利并没有什么价值。

不只在过去，在我们现在也差不多一样：那些受人称赞的知识总放在第一位，而那些增进个人福利的知识倒放在第二位。在希腊的学校中，主要科目是音乐、诗歌、修辞和在苏格拉底任教以前都很少联系到的行动哲学，而对于生活技艺有帮助的知识只占很次要的地位，在我们现在的大学和普遍学校里也有同样的轻重倒置的情况。一个男孩，在他整个一生，十之八九用不到拉丁文和希腊文，是大家都熟悉的老生常谈。我们常说，他在店铺里和办公室里，在管理家产或家务中，在做银行或铁路工作中，费了那么多年学来的知识对他帮助很少，少到其中大部分一般地都忘记了，而如果他偶尔冒出一句拉丁文，或是提到某些希腊神话，也并不是为了说明当前的问题而是为了表现自己。假如我们问到给男孩子古典教育的真正动机是什么，那就只是为了顺从社会舆论。正如同奥利诺科印第安人出门前涂抹颜色不是为了任何直接的好处，而是因为不这样他就不好意思见人，一个男孩必须硬背拉丁文和希腊文，也不是因为这些语文有内在价值，而是免得他因不懂这些语文而丢脸，是为了使他受到"绅士教育"，是因为这标志着某种社会地位，并且因此能受人尊敬……在女性方面这个类似的情况表现得更加明显……大部分的"才艺"都被证明虚饰重于实用，舞蹈、弹琴、唱歌、绘画令人举止文雅，但是这些占了多大分量！如果你问她们为什么学习意大利文和德文，你就会看出，在一切借口之下，真正的理由是认为懂得一些语文才像个贵妇人，目的并不在于去读那些文字写成的书，因为她们很少去读书，而是为了唱意大利文和德文的歌曲，为了由于多才多艺而引起的啧啧称赞。记住一些君王的生卒年月、婚姻和其他轶闻琐事，也不是因为知道了那些可能有什么直接好处，而是因为社会上认为那是良好教育的一部分，因为缺乏那些知识就会被人轻视。当我们列出阅读、写字、拼法、语法、算数和缝纫，就差不多列出了从生活实用上教给女孩子的全部东西，其中有些还是为了博得好评的多，为了个人直接福利的少。[1]

它为了花而忽略了植物，为了想美丽就忘了实质。这个制度不供给有助于保全自己的知识；对于帮助谋生的知识，它只粗略给一点，而让大部分到日后生活中去碰运气取得；对于完成父母的职能它全不顾到；对于公民职责它给予了一堆知识，许多是无关的，剩下的也缺乏钥匙；它可是勤勤恳恳地教那些增加虚文华饰的东西。尽管我们充分承认精通现代语言是个有价值的成就，承认通过阅读、谈话、旅行，那成就能帮助我们得到一些光彩；也决不能因此就说为了取得这结果而牺牲十分重要的知识是正确的。假定古典教育真能使人文辞优美得体，还是不能说文辞优美得体同熟悉教养儿童的指导原则有同等重要。尽管承认读了古典诗歌可以提高一个人的欣赏能力，但还是不能认为这种欣赏力的提高同懂得健康的规律有同等价值。这些才艺、艺术、纯文学以及一切组成我们所谓文化之花的东西都应该

---

[1] 转引自胡毅，王承绪译.斯宾塞教育论著选[M].北京: 人民教育出版社，2005.7-9.

全部放在为文化打基础的教育和训练之下。它们在生活中既是占闲暇的部分，在教育中也应该是占闲暇的部分。[1]

在此之前，英国许多资产阶级思想家、科学家和教育改革家，对英国教育中崇尚古典主义而与当时科学进步和工业发展不相适应的矛盾状况给予了关注，他们也倡议改变这种状况，让科学知识进入学校课程。由此，在整个教育领域展开了维护传统古典主义教育和提倡科学教育的争论，就其渊源来说，自弗兰西斯·培根提出"知识就是力量"开始，这场论争就已经掀起，而1859年，斯宾塞发表了《什么知识最有价值？》，使这场论争达到了高潮。外国教育史专家单中惠评价道："对传统的古典主义教育抨击最强烈的、对什么知识最有价值这个问题回答得最明确的、对三个世纪以来的教育改革者的合理思想表达得最清楚的，那就是赫伯特·斯宾塞。"

斯宾塞以"为完满生活做准备"为宗旨，阐述了教育的目的，论证了科学的价值。对于"什么知识最有价值"，最一致的回答就是科学，斯宾塞是从完满生活需要的各个角度加以论证而得出的这个结论。为了直接保全自己也就是维护生命和健康，最重要的知识是科学；为了间接保全自己也就是谋生，有最大价值的知识也是科学；为了履行好做父母的职责，也是离不开科学的正确指导；为了解释过去和现在的国家生活，使每个人能成为一个合格的社会公民，所不可或缺的钥匙也是科学；人们艺术创作与欣赏的需要，也只能通过学习科学来很好地满足……总而言之，学习科学是从事所有活动的最好的准备，是实现"完满生活"教育目的的应然选择。

怎样生活？这是我们的主要问题。不只是单纯从物质意义上，而是从最广泛的意义上来看怎样生活。概括一切特殊问题的普遍问题，是在各方面、各种情况下正确地指导行为使之合乎准则。怎样对待身体，怎样培养心智，怎样处理我们

---

[1]　转引自胡毅，王承绪译.斯宾塞教育论著选[M].北京：人民教育出版社，2005.33—34.

的事务,怎样带好儿女,怎样做一个公民,怎样利用自然界所供给的资源增进人类幸福,总之,怎样运用我们的一切能力使对己对人都最为有益,怎样去完满地生活?这个既是我们需要学的大事,当然也就是教育中应当教的大事。为我们的完满生活做准备是教育应尽的职责,而评判一门教学科目的唯一合理办法就是看它对这个职责尽到什么程度。这种检验,过去从来没有全部运用过,连部分运用都少见,而且也是模糊地半意识地运用。现在应该有意识地、按步骤地在所有情况下加以运用。我们有责任把完美的生活作为要达到的目的摆在我们面前,而经常把它看清楚,以便我们在培养儿童时能审慎地根据这个目的来选择施教的科目和方法……只是揣度那种知识在将来生活中会有用或是这种知识比那种知识更有实际价值一定还不够,我们必须找到某些办法来估计它们各自的价值,使我们尽可能明确地知道哪些最值得注意。

这个任务无疑是巨大的,或许永远只能得到一个差不多的结果。但是,考虑到重大的利害关系,就不能因为任务艰巨而胆怯地把它放过去,应当因此竭尽全力去掌握它。只要我们系统地进行,我们很快就可能得到相当重大的结果。

我们的第一步显然应当是按照重要的程度把人类生活的几种主要活动加以分类。它们可以自然地排列成为:①直接有助于自我保全的活动;②从获得生活必需品而间接有助于自我保全的活动;③目的在于抚养和教育子女的活动;④与维持正常的社会和政治关系有关的活动;⑤在生活中的闲暇时间用于满足爱好和感情的各种活动。

用不着多少思索就能看出这个次序是基本符合实际的。经常保证我们个人安全的行动和预防措施显然必须列在首位。如果有人像婴儿一样,完全不懂四周的事物和运动,也不知道在它们当中怎样处理,尽管在其他方面有很大的学问,一走上街肯定会丧命。既然在所有其他方面一无所知不至于像在这方面一无所知而马上影响生命,那就必须承认直接关系自我保全的知识是头等重要的。

没有人会怀疑，次于直接自我保全的就是取得生活手段的间接的自我保全。一个人的生产的职责必须优先于做父母的职责加以考虑。因为一般来说，做父母的职责只有在完成了生产的职责以后才有可能。养活自己的能力既然必须在养活子女的能力之先，那么养活自己所需要的知识比起家庭幸福所需要的知识更为迫切，其价值仅次于直接保全自己所需要的知识。

家庭在时间上先于国家，因为家庭在国家存在之先或国家消灭之后都可能养育子女，而只是在人们养育了子女之后才可能有国家，所以父母的职责与公民的职责比起来更要密切注意。或再进一步说，由于良好的社会最终还是要靠它的公民的品质，早年训练又比其他一切更易于改变公民的品质，所以我们必然得出结论，家庭福利是社会福利的基础，所以直接有关家庭的知识必须放在直接有关国家的知识的前面。

在比较严肃的工作的余暇时间，用不同形式的娱乐活动（欣赏音乐、诗歌、绘画等等）来消遣，显然要以一个早已存在的社会为前提。不但没有长期存在的社会组织它们就无从得到发展，就是它们的内容本身也大部分是社会情操和感情。社会不只提供了它们成长的条件，也提供了它们所表达的思想和情感。所以，做良好公民的那部分人类行为，比起培养各种艺术爱好的这部分来说更为重要，而在教育中为培养良好公民做的准备必须放在培养各种艺术爱好的准备之前。

我们重说一次，这个基本上就是一个合理的次序：准备直接自我保全的教育，准备间接自我保全的教育，准备做公民的教育，准备生活中各项文化活动的教育。我们并不是说这些范围都能准确划分，我们不否认它们的联系是如此错综复杂，以致对任何一方面的训练都在某种程度上训练了其他一切。我们也不怀疑，每一范围都有些部分比前一范围的某些部分重要，比如，一个长于经商而短于其他的人，比起一个短于赚钱而长于教子的人来，从完满生活的标准来说，可能要差得多，或者有关于正确的社会行为的充分知识而完全缺乏一般文艺修养，就不如在一方面比较中等而其他方面也大略知道一些。但是，在补充说明这些之后，这些大体的范围还是存在的，而且这些范围基本上按照上述次序分出主从，因为在生活中相应的那些范围是有了一个才能有另一个，而其中的次序正与此相符合。[1]

在斯宾塞看来，科学知识主要有两个方面的重要价值：指导价值和训练价值。首先，斯宾塞认为，人类的一切活动都离不开科学的指导，科学知识是使文明生活成为可能的一切活动能够正确进行的基础，生产过程已经那么快地科学化，科学知识就应该同样快地成为每个人所必须掌握的。斯宾塞还对此进行了详细考察分析，当时人们从事商品生产、加工和分配，就是依靠科学完成的。因此说，各种生产活动离不开科学指导。同时，斯宾塞也断言："在指导上最有价值的教育必然同时在训练上也最有价值"，"我们可以非常肯定，在那些调节行为中最有价值的各类知识中就包含了最适宜与增强能力的心智练习"，因此，学校的教学内容既要考虑到知识本身所具有的价值，同时还要注重各科知识在训练心智方面的作用。斯宾塞观察发现，当时普通教育中占显著地位的语文学习能够增强记忆，但实际上科学提供了一个更为广大的园地去让人们练习记忆，除此，科学知识还可以培养思考力、判断力和创造力。在道德教育中，科学知识不仅教学生用理智去判断事物，还有利于培养学生的自信心和独立性，锻炼他们的意志，养成他们诚信的美德。由此，斯宾塞得出结论，为了指导人类活动，也为了训练，科学都有最重要的价值，因此应该让科学知识占据学校课程的中心地位。

还有一点要先说明。获得任何一种东西都有两项价值：作为知识的价值和作为训练的价值。获得每一种事实的知识，除了用以指导行为外，也可以用来练习心智；应该从这两方面来考虑它在为完满生活做准备时的效果，这些就是我们在开始讨论课程时必须具有的一般观念：把生活分成重要性逐渐减少的几种活动；在

---

[1] 转引自胡毅，王承绪译.斯宾塞教育论著选[M].北京：人民教育出版社，2005.11~14.

调节这些活动中每类事实的内在的、半内在的和习俗上的价值；从作为知识和作为训练两方估计的它们在调节中的影响。[1]

斯宾塞的教育目的论和科学知识价值论有力地批判了传统的古典主义教育，唤起了国家和民众对于科学教育重要性的认识，从而极大地推动了英国乃至全世界科学教育的发展。由于时代和阶级的局限，斯宾塞的教育思想不免带有资产阶级功利主义色彩，但确实深刻地反映了19世纪生产力与科学技术的迅猛发展对学校教育改革的客观要求，对近代科学教育的发展起到了里程碑的作用。

---

[1]　转引自胡毅，王承绪译.斯宾塞教育论著选[M].北京：人民教育出版社，2005.15.

四　论科学的课程体系

　　19世纪中叶,人们关于古典主义教育和科学教育的论争已经长达半个多世纪,但学校在决定课程的时候,所考虑的不是什么知识最有价值,而是什么能使人获得更多的称赞、荣誉和尊敬,什么能使人获得社会地位和影响,怎样的行为表现能使人显得最为神气,导致学校课程几乎完全以希腊语和拉丁语为基础,科学知识得不到重视,很少被列入学校课程中。斯宾塞遗憾地指出,学校科目中所几乎完全忽视的东西,却是同人生事业关系最为密切的。针对英国学校课程的弊端,斯宾塞竭力主张改革古典主义教育,让科学教育占据学校课程的主导地位。斯宾塞在设计课程体系的时候,引用了一个"比较价值"的方法,他认为至关重要的问题并不在于某些知识有无价值,而在于它的比较价值。要比较知识的价值,就要有选取一个衡量的标准,这个标准就是为完满生活做准备。斯宾塞指出,为完满生活做准备是我们教育应尽的职责,而评判一门课程比较价值的唯一合理办法就是看它对这个职责能尽到什么程度。斯宾塞首先按照对于完满生活的重要程度将人类活动分为五大类:直接保全自己的活动;间接保全自己的活动;培养子女的活动;与维持正常社会政治关系有关的活动;在生活闲暇时间里满足爱好和感情的活动。与此相适应,斯宾塞认为教育也应该有一个合理的次序:即准备直接保全自己的教育;准备间接保全自己的教育;准备做父母的教育;准备培养良好社会公民的教育;准备生活中各项文化活动的教育。由此出发,斯宾塞设计了一套为完满人生做准备的以科学为核心的课程体系。

第一部分课程内容: 生理学和解剖学。斯宾塞认为, 教人保持良好健康和饱满情绪比什么都重要, 而这两门科学阐述了生命和健康的规律, 富含了如何直接保全自己的知识, 因此主张它们作为合理课程体系中最重要的一部分。

如果有人怀疑了解生理学原理是完满生活一个手段的重要性, 那就请他看看能找到多少中年或老年男女是完全健康的。我们只是偶尔遇到一个直到老年还健壮的例子, 却每时每刻都能遇到急性病、慢性病、身体虚弱、未老先衰的例子。在你问到的人中, 几乎没有一个在一生中没害过只要有少许知识就能避免的疾病。这儿有一个人由于大意着凉害了风湿热后得了心脏病。那儿有一个人由于过度学习而眼睛终身受损害。昨天听说一个人的长期跛脚是因为在轻伤后尽管膝盖痛他还勉强走路, 而今天又听到另一个要长年休养的人是因为他不知道他害的心悸症是由于过分用脑。一会儿, 我们听到一个无法挽救的损伤, 是由于一股傻气地卖弄气力; 过一会儿, 又听到一个人由于从事不必要的过度工作, 使体质始终不能复原。从各方面我们还不断看到随虚弱而来的小毛病。且不提那些由此引起的痛苦、烦躁、愁闷和时间金钱的浪费, 只考虑一下健康不良使一切任务的完成受多少阻碍——使得工作总是比较困难, 甚至无法进行; 产生一种对于合理管理儿童最不利的急躁情绪; 使公民的作用无从发挥; 对娱乐感到厌烦。难道还不是明摆着引起这种健康不良的身体恶习(这恶习部分是我们祖先遗留下来的, 部分是我们自己造成的)比任何其他事件使完满生活受更多的损失吗? 而在很大程度上使生活不是幸福和愉快而成为失败和负担吗?

还不止此。除了因此使得生活大为恶化外, 还要缩短寿命。并不是照我们通常设想的那样, 病后康复一切如前。功能的正常作用有过任何扰乱, 事后都不能完全照旧。永久的伤害总是有的, 也许立刻看不出来, 可还是在那儿; 而且同自然在它的严格核算中从不漏掉的其他项目一起, 将来算起总账来就不免要缩短我们的寿命。由于轻伤的积累, 体质早已一般地受到损害以至毁坏。一想到人们的平均寿命比可能达到的寿命要差多少，我们就看出这个损失有多大。在不良健康所引起的许多部分的损耗上再打这个最后的大损耗，结果生命通常失去了一半。

所以从防止丧失健康来直接保全自己的知识是首要的。我们不是说有了这些知识就可以克服一切坏现象。显然，在我们现在文明的情况下，人们的需要时常迫使他们越轨。显然，尽管没有这种强迫，他们的天性倾向也时常使他们明知故犯，为了目前的享受牺牲将来的好处。但是我们仍然认为用正确的方法灌输正确的知识会有很大效果；而且因为健康的生活必须认识以后才能充分实行，我们进一步主张无论更合理的生活何时实现，必须事先传授这种知识。我们认为精力充沛和它带来的饱满情绪，既然比任何其他事情在幸福中占较重要的地位，教人保持良好健康和饱满情绪就比什么都重要。所以我们肯定地说，这样一门为了解其中普遍真理以及它们与日常行为的关系所必需的生理学科目，是合理的教育中最重要的一部分。

很奇怪，这个主张还需要提出！更奇怪的就是它还需要辩护！可是有没有一些人会以近乎嘲笑的态度来对待这个主张。一些被发觉把希腊文学中人名伊菲几尼亚的重音读错就会脸红的人，或是认为说他不知道一个半神话人物的传说事迹就是侮辱的人，却毫不羞愧地承认不知道欧氏管在哪里，脊椎神经有什么作用，正常脉搏是多少次或肺是怎样充满空气的。他们在渴望自己的儿子要熟悉两千年前的迷信的时候，却不关心有没有教给儿子自己身体构造和机能的任何知识，不但如此，还希望不要这样来教。既定的习惯势力就是这么大！在我们教育中装饰就是这样可怕地胜过了实用！[1]

第二部分课程内容：除了读写算以外，开设逻辑学、几何学、力学、物理学、化学、天文学、地质学、生物学、社会学等。斯宾塞比较分析后得出结论，这些科目都是与人类的生产活动有直接联系的，它能够指导人们生产并不断提

[1] 转引自胡毅，王承绪译.斯宾塞教育论著选[M].北京：人民教育出版社，2005.16－18.

高生产能力，从而间接保全自己。斯宾塞对这些学科知识何以指导和提高人的能力进行了详细的分析，比如，物理学能够帮助学生了解所有工业生产和机械操作的基本原理，而数学能够使学生掌握测量、调节工序、进行设计等知识，化学则对于纺织工业、冶金工业具有指导作用，生物学可以为学生提供农业生产发展方面的知识，地质学可以使学生掌握有关地质勘探和矿藏开采方面的必备知识……

我们用不着强调使人容易谋生而有助于间接保全自己的那种知识的价值。这点谁都承认；老实说，大家还或许把它过分看成教育的唯一目标。但是尽管每个人都能够同意这种抽象的提法，说准备青年人谋生的教育很重要，甚至认为最重要；可是差不多谁也不去探究要教些什么才能做好这项准备。当然教读、写、算的时候也真正是从道理上承认了它们有用。但是此外就差不多无甚可说的了。所学的其他东西大部分都同生产活动无关，而同生产活动有直接关系的大量知识又完全被忽略了。

因为，除了人数很少的某些阶级以外，所有的人在做什么？他们都在从事商品的生产、加工和分配。而商品的生产、加工和分配的效率又靠什么？就靠运用适合这些商品各种性质的方法，靠在不同情况下相当熟悉它们的物理学的、化学的或生命的特性；那就是依靠科学。这方面的知识，大部分在我们学校科目中没有列入，却是使文明生活成为可能的一切过程能够正确进行的基础。这真理尽管不能否认，可是似乎并没有人注意；正因为司空见惯，就反而忽略了。为了充分说明我们的论点，我们必须立即列举一些事实来使读者明白这个真理。

撇开最抽象的科学——逻辑学不谈（虽然大生产者或分配者也在有意无意中要多少靠它的指导来预测商情），我们首先遇到数学在其中，有关数目的最普通部分就指导着一切生产活动，不论是调节工序、进行估价、商品买卖或记账，都用得到它。没有必要对任何人强调这部分抽象科学的价值。

在进行需要较高技艺的建筑中，必须多少有些较专门的数学知识。村里的木工用成规来安排工作，同不列颠尼亚大桥的建造者一样，随时都在引用空间关系的一些规律。测绘员在测量所购地段时，建筑师在设计大厦时，施工工人在打地基时，石工在砌石块时，其他匠人进行装配时，全都受几何学原理的指导。铁道的修建从头到尾都要用到几何学：在准备平面图和路段、打桩定线、量度路堑路堤中，在设计和建造桥梁、涵洞、拱桥、隧道、车站中，都是一样。在沿着海岸和散布各地的港口、船坞、码头和各种工程建筑以及在地下的矿井中，也都有类似的情况。现在就是农民在正确设计沟道时都要用到水准仪，也就是要运用几何学的原理。

其次就是抽象—具体的科学。现代工业制造的成就就靠其中最简单的一门——力学的应用。制造每件机械都要根据杠杆、轮轴等的特性；而我们现时差不多一切生产都依靠机械。查一下早餐面包的来源。生它的土壤是用机械做的砖来做水道；地面是用机械翻的；种子是用机械播的；麦子是用机械收割、脱粒、去皮的；磨碎筛粉装袋也靠机械；而如果面粉是送到戈斯波特(Gosport)的话，可能就用机械作成了饼干。看看你坐在这里的房间。如果是新式的，墙上的砖多半是机械做的；地板的锯刨，炉架的锯和磨光，墙纸的制作和印色都靠机械；桌面的镶饰，车圆的椅子脚，地毯，窗帘，都是用机械做的。你的衣服，素的，织花的，或印花的，不都是用机械织出或者甚至缝好的吗？你所看的书，每一页不都是用一种机械制成又用另一种机械印上这些字的吗？除此以外，要加上我们也应该感谢的水陆运输工具。再就要注意，根据达到这些目的时运用力学知识的好和坏，就产生成功和失败。工程师建桥时如果在材料力学方面计算错了，桥就会塌。使用坏机器的工业家就不能同另一个拥有摩擦和惯性上损耗较少的机械的人来竞争。墨守成规的造船家就赶不上一个照力学上有根据的流线原理来造船的人。因为一个国家抵抗另一个国家的能力依靠它各单位活动中的技术水平，我们就可以看出关于机械的知识很可能转变国家的命运。

从有关克分子力的抽象—具体科学部分上升到有关分子力的那些部分，我们就可以看到另外一系列的应用范围。由于这些和前述的那些科学，我们有了代替了几百万劳动者的蒸汽机。物理学中讲到热学定律的部分告诉我们在许多生产部门中怎样节约燃料，怎样用热风替冷风来增加炼铁炉的产量，怎样在矿井中通风，怎样用安全灯防止爆炸，以及怎样用温度计调节无数的过程。研究光的现象的部分使老年和近视的人恢复视力，借助于显微镜发现疾病和污染的现象，以及用改进的灯塔防止航行事故。由于电磁学的研究，用罗盘针救了不可胜数的生命财产，用电铸版帮助了不少技艺，而现在电报又给我们一个工具，使日后一切商业来往可以调节，政治联系可以进行。在室内生活的细节上，从改良的炉灶到客厅桌上的立体镜，都说明先进的物理学的应用是我们获得舒适和满足的基础。

化学的应用就更多了。漂白工、染色工、印花工，他们各自的制作法做得好不好，就看他们是否遵守化学定律。熔炼铜、锡、锌、铅、银、铁，必须受化学的指导。制糖、制煤气、做肥皂、制造火药，都有一部分是根据化学原理来操作；生产玻璃和陶瓷的操作也是一样。酿酒者的麦芽汁是在酒精发酵阶段停止，或是进到变醋酸阶段，就是一个关系到他的盈亏的化学问题，而一个大酒商就会觉得聘请一个化学家是合算的。实际上现在几乎没有任何一个制造工业的某些部分不是根据化学原理来操作的。不仅如此，现在就是农业要经营得力也必须有同样的指导。肥料和土壤的分析；它们各自的配合；用石膏或其他东西去固定氨；粪便化合物的利用；人造肥料的生产：这一切都是化学的贡献，是农业家应当熟悉的。不论是从摩擦生火的火柴，或是从消了毒的污水，或是从照像，或是从不经发酵的面包，或是从废物中提出的香料，我们都可看出化学对我们一切生产的影响；因此这方面的知识，是每个直接间接与我们生产有关的人都应该注意的。

在具体的科学中我们首先遇到天文学。从这里产生了航海技术；有了它，可能有那个养活我们大部分人和供给我们许多必需品及大部分奢侈品的庞大国外贸易。

地质学这门科学的知识也大有助于工业成就。既然现在铁矿石是这么大的一个财富资源，既然现在我们煤的供应期的长短已成大家关心的问题，既然现在我们有了矿业学院和地质勘探：研究地球外壳对我们物质福利是很重要的这一事实就几乎不太必要去加以发挥了。

再说，生命的科学，生物学，对于这些间接保全自己的过程不也有根本关系吗？它同我们通常所说的制造工业的关系的确不多；但是同那最主要的制造业——食品制造业，倒有不可分割的联系。因为农业的方法必须适合动植物生活的现象，这些现象的科学就是农业的合理根据。许多生物学的真理在还没有成为科学的时候早在农民的经验中有了证实和应用；比方特殊的肥料适合特殊的植物，某种庄稼使土壤不适宜于种别的庄稼，马的饲料坏就工作不好，牛羊的这种或那种疾病是由这种或那种情况引起的。这些，以及农业家从经验中得来的、关于如何对待动植物的日常知识，就积累了很多生物学事实；而他的成功就多半靠这种积累的丰富。既然这些尽管不多、不准确和粗浅的生物学事实还有这么大的帮助，那就可以判断一下如果这种事实能变得肯定、准确和充分，对他必然会有什么价值。实际上我们现在就已经能看出理论生物学给他的好处。产生动物体热意味着物质的耗费，因此防止了热的散失就免了额外食物的需要，这一真理——这一个纯粹理论的结论——现在就指导我们怎样把牛养得肥壮；使牛暖和就节省饲料。在食物的多样化上也有类似情形。生理学家的实验指出，不但变换食物有益处，而且每餐有混合的食品可以帮助消化。发现了那种每年死几千头羊的、叫做"晕倒病"的病症是由于一种侵入羊脑的体内寄生虫，而如果穿过标明它的位置的那个头骨软处，把那寄生虫取出，羊的病一般就会痊愈。这就是农业应该感谢生物学的另一件事。

我们要注意还有一门与生产成就直接有关的科学，社会科学。那些每天看金融市场情况，了解当时行情，讨论谷物、棉花、糖、羊毛、蚕丝的大致收成，估计战争的可能性，而从这些材料决定他们经商措施的人们都是社会科学的学生。他们可能是一些根据经验而犯错误的学生，但还是一些由于判断是否正确而致盈亏的学生。不只是工商业者经营企业，要根据许多事实，考虑到供求关系，按照各种社会行为的一般原则；就连零售商也应当是这样的，他的生意兴隆很大部分就靠他对将来的批发价和将来的消费率的正确判断。显然，所有参与一地区复杂商业活动的人们，都非常关心去了解这些活动变化的规律。

所以对于所有从事商品生产、交换或分配的人，熟悉科学的某些部门是十分重要的。每一个直接或间接涉及任何种生产的人（很少人不是这样）就必得多少接触到事物的数学的、物理学的和化学的特性；或许也直接关心生物学；而对社会学是一定关心的。他能否在那个间接保全自己，我们叫做谋生那方面得到成就，在很大程度上就靠他在一门或几门这种科学中的知识；可能不见得是理论知识，但还是知识，尽管是从经验中得来的。因为我们所谓学一行买卖，实际是指学其中的科学，虽然或许不用科学这名称。因此科学方面的根底大为重要，既因为它为这一切做准备，也因为理论的知识比经验的知识要优越得多。此外，每个人需要科学的修养，还不只是为了了解与他的生产或分配工作有关的事物和过程的情况和所以然的道理；了解许多其他事物和过程的情况和所以然时常也很重要。在现在这个合股经营的时代，除了工人以外，几乎每个人都像资本家一样，关心本行业以外的某些其他行业；既然这样关心，他的赚钱赔本就常看他对于有关这个其他职业的科学上懂得多少。这儿有个矿井，掘进以后许多股东都垮了，因为不懂得某个化石是属于老红沙石一类，在那底下是找不着煤的。曾经有过许多尝试想制造电磁发动机去代替蒸汽机；但是如果投资的人懂得力的关联和等效的一般规律，就可能在银行多留些存款。每天都有些人被吸引去帮助进行一些只要粗通科学就能看出行不通的发明。过去，几乎每个地方都曾有人从事一些不可能的事业而把家当抛光。[1]

第三部分课程内容：心理学和教育学。这部分内容是为了使父母更好地教育自己的子女。儿童的身心发展是有一定规律的，教育要了解儿童，教育内容、教育方法等都要遵循教育规律，而心理学和教育学恰好给我们家长提供了这方面的知识。斯宾塞强调指出，如果不能在很大程度上遵循儿童身心发展规律，必然会导致儿童身心双方产生严重的缺陷，只有通过学习心理学和教育学，掌握并遵循这些规律才能使儿童健康地成长起来。

现在我们来谈人类活动的第三大范围，那范围中是什么准备也没有做。如果由于特别的机会，我们除了一堆学校课本和某些大学考卷之外，什么也没留给那遥远的将来；我们可以想象到那时期的考古学者，当他在从那里面找不着任何东西指出学习者有可能做父母时，会感到怎样的迷惑。我们可以揣测他会下这样的结论："这一定是他们那些不结婚的人的课程。我从这中间看出对许多事情做了仔细的准备；尤其是对阅读一些早已不存在的国家和同时存在的国家的书籍（从此似乎可看出他们本国语文中只有很少值得读的东西）；可是关于带孩子的事一点也找不到。他们不至于那么荒唐来完全忽略这个最严重责任的全部训练。显然，这是他们某个僧院宗派的学校课程。"

说正经话，子女的生与死，善与恶，都在于父母怎样教养他们。可是对于今后要做父母的人在教养儿童方面连一个字的教导都没有，这难道不是一件怪事吗？把新一代的命运放在缺乏理智的习俗、冲动、幻想中去碰机会，再加上一些不懂事的乳母的建议和奶奶们的带成见的劝告，难道不是荒谬绝伦吗？如果一个商人毫无算术和簿记的知识就开始经商，我们会说那是瞎干，而眼看他要得到惨痛的后果。或者一个人如果没学解剖学，就开业进行外科手术，我们也会为他的胆大包天感到惊讶，而可怜他的病人。可是一般父母从来未考虑过那些在身体、道德、智

---

[1] 转引自胡毅，王承绪译.斯宾塞教育论著选[M].北京：人民教育出版社，2005.18-23.

慧方面应该指导他们的原则就开始教养儿童这个艰巨任务，却并没有引起对他们的惊讶，也没引起对受害者的怜悯。

在死亡的几万人外，加上在虚弱体质下活命的几十万人，和长成而得不到应有的强健体质的几百万人，你就可以多少看出父母不懂得生命规律给子女带来的灾难。只要想一下儿童所受的照管是时刻都在对造成终身的损害或利益有影响，以及错的办法要比对的办法多一二十倍，你就可以多少看出那一般常用的、不假思索、随便乱干的制度在几乎到处所闯的大祸。是不是决定了要叫一个男孩穿短薄衣衫在游戏时把手足冻红？这个决定的影响在他整个的日后生活中都可看出：或是生病，或是发育不良，或是精力不足，或是长成时达不到应有的健康水平，因此阻碍他的成就和幸福。儿童是否注定了要吃单调的食物，或缺乏营养的食物？他们最后的体力和作为成年男女的效率就不免要多少降低。他们是否不准游戏吵闹，或是在冷天要关在室内（因穿得太单薄不能受风寒时）？那他们一定达不到原来可以达到的健康和体力水平。子女长大了虚弱多病，父母总认为那是不幸，是上天降罚。照目前的糊涂想法，他们认为有这些祸害是无缘无故的，或者是由于超自然的原因。全不是那么一回事。在某些情况下，原因无疑是遗传来的，但是在多数情况下，一些愚笨的规则就是原因。这一切疼痛、虚弱、颓丧、苦闷，一般地都由父母本人负责。他们随时都在管他们子女的生活；由于漫不经心，他们只会指手画脚去不断影响那些生命过程，但是完全不去研究它。他们完全不懂最简单的生理学规律，经年累月地在损害儿童的体质，因此不但使他们，还使他们的后代生病或早死。

当我们从身体训练谈到道德训练的时候，知识也一样缺乏；由它引起的损害也同样大。请考虑一下一个青年母亲和她在育儿室里的做法。不过几年以前，她还在学校，在那儿她记了不少字句、人名、年代，而思维能力却连最少的练习都没有；怎样对待一个正在发展的儿童心智，她一点也不知道；在那里的训练也完全不能使她自己想出办法来。中间这几年是花在练习音乐、做装饰性的刺绣、阅读小说、参加宴会方面，而从未想到做母亲的严重责任；她的智力几乎没有很好培养过，来为履行这些责任做准备。现在她有一个正在发育的人归她监护；她完全不知道所要对待的现象，可是所做的是一件尽管知识丰富还做不好的事。她全不知道情绪的性质，它们的演化次序，它们的作用，在什么地方它们就无益有害。在她的印象中，有些感情是完全坏的，其实并不是这样；而有些感情又无论怎样走极端都是好的，其实也并不是这样。她既不知道她所要对待的人的身体结构，也同样不知道用什么办法会对这个结构产生什么效果。还有什么比我们所看到的随时发生的惨痛结果更不可避免呢？既不明白心智现象和它们的原因结果，她的干预往往就比完全不管还更有害。她老在阻止一些本来是很正常和有益的动作，这样就减少了儿童的快乐和利益，使得母子发脾气而引起不和。她认为要鼓励的行为就去威逼利诱或激起一种取得赞许的欲望；只求表面行为对头而不考虑内部动机；因此就培养虚伪、惧怕、自私而没有培养好感。在坚持要求诚实的时候，她经常作出不诚实的榜样；拿惩罚来威胁，又不执行。在培养自制能力的时候，她却每小时为了一些不该责骂的事怒骂小孩。她毫不了解在育儿室同在社会上一样，唯一真正有益的训练就是使一切行为，好的坏的，得到自然的后果——那个由于事物的性质，一个行为所带来的愉快或痛苦的后果。这样她既无理论的指导，又很不能够从了解她儿童的心智过程来指导自己，她的管教就是任性的、不一致的、有害的。如果人们在心智成长中，没有强大的倾向去达到种族的道德典型，而经常能压倒一切较次影响的话，那结局真会造成普遍的灾难。

再说智慧的培养，这难道不也是同样没做好？承认了智慧现象是符合规律的，承认了儿童智慧的演化也是按规律进行的，就必须承认，不知道这些规律，教育就无从正确进行。如果认为你用不着了解这过程的性质，就能正当地调节这个形成和积累观念的过程，才真是荒谬。这样，在几乎没有一个父母而只有少数教师懂得一点心理学的时候进行的教学，同应有的教学水平距离有多远，就可想而知了。正如可以预料到的，现有的制度在内容上方法上都有大毛病。正确的知识不讲，而把错误的知识，用错误的办法，照着错误的次序灌输给学生。家长们有了把教育局限于书本知识的一般狭窄观念，就把入门课本提前几年教给儿童而大大地害了儿童。他们没有认清这一真理：书籍只起补充的作用，是在直接方式不成功时取得知识的间接方式，一个通过别人去看自己所不能看见的东西的方式，教师们就忙于用第二手的事实来替代第一手的事实。他们也不了解幼年进行的自发教育有很大的价值，不了解儿童不停的观察不仅不应当忽视或限制，反而应当努力提倡，使它尽量准确和完备。他们坚持要使儿童眼中和思想中只有目前不能懂的和讨厌的东西。他们迷信知识的符号，而不去探求知识本身，看不到只有到了儿童对家庭、街市、田野的事物和过程的接触已相当广泛的时候，才应该给他介绍书籍所供给的那个新的知识源泉。这不只是因为直接认识比间接认识价值大得多，同时也因为书中字句只有根据事先对事物已经有的经验才能正确地变成观念。其次，要注意进行这个开始过早的形式教育也很少参照心智发育的规律。智慧的发展必然是从具体到抽象。但是人们全不管这些，结果高度抽象的科目，比方语法，本应该很晚才教的，却很早就开始。对于儿童死板无趣的、应当附在社会学学习后面的政治地理，也教得很早；儿童能懂和比较有兴趣的自然地理，倒大部分略过去了。要讲授的每一门科目几乎都不是按正常的次序安排，定义、规则、原理都放在前面，而不是按照在自然中的次序，通过研究个别实例来揭示的。而且贯穿全部的还有那害人的死记硬背的制度，那个为了字句而牺牲内容的制度。看看结果吧。既然由于早年受抑制和被迫注意书本而使知觉违反自然地变成迟钝；既然由于在学生还听不懂的时候就教一些科目，而每一科是把概括放在所概括事实之前而引起了心智上的混乱，既然使学生单纯被动地接受别人的观念，而丝毫不引导他去勤学好问；既然能力上的负担过重；那么心智的效率自然很难充分发挥。学生等考试一过，就把书本放在一边；因为没有把知识系统化，所得到的大部分知识很快都忘掉了；因为运用知识的技能并未经培养，剩下的多半是死板的东西，结果既不能准确观察，也不会独立思考。此外，就是所得的那些知识也多半只有较小价值，而大量极有价值的知识却完全忽略过去了。

这样，我们可以看出，事实就同我们事先可推论到的一样，在儿童身体、道德和智慧的训练上，都是毛病百出。这多半是因为父母缺乏唯一能正确指导这种训练的知识。把一个最复杂的问题，交给几乎全没考虑过解决它所要依据的原则的一些人，那结果会怎么样？为了制鞋、建屋、行船、驾驶机车，必须进行长时期的徒工学习。难道说人类身心的发育过程，比较起来是那么简单，任何人可以毫无准备就去监督它调节它吗？假如不是这样的话，假如除了一个例外，这过程比自然中任何过程都要复杂，而管理它的任务比其他都艰难，那么对这任务不作准备不是狂妄吗？宁可牺牲别的一些才艺，也不能忽视这个最主要的教育。一个父亲因未经检验就采用了错误的教条来指导他的行动而引起儿子们与他不和，他的粗暴的处理逼得他们反抗。在他毁了他们而使自己痛苦的时候，他很可能会想到，即使牺牲关于埃斯库罗斯的全部知识去学习性格形成学也是值得的。一个母亲痛悼她的第一个孩子因猩红热的后遗症病死；某个直率的医师证实了她的怀疑，说如果那孩子的体质不是由于学习过度而弄成虚弱就很可能复原；当她悲悔交加痛不欲生的时候，她尽管能够诵读但丁的原著对她也只能是很小的安慰。

这样，我们可以看出，为了调节第三大范围的人类活动，必须有生命规律的知识。多少熟悉一些生理学的基本原理和心理学的初步知识，对于带好孩子是不可缺少的。我们并不怀疑许多人听到这种意见会好笑。他们会觉得希望一般父母获得这些深奥科目的知识是不合理的。如果我们主张所有父母都应当精通这些科目，那显然太不合理。但是我们并不那样主张；我们只要求了解一般原理，附带知道一些为了了解一般原理所必需的例证就够了。这些都容易教，如果教的时候不能阐明道理，就教条式地教吧。但是无论怎样，这些事实是不容争辩的：儿童的身心发育是遵照一定规律的；除非做父母的在某种程度上遵守这些规律，子女难免要短命；除非在很大程度上遵守这些规律，身心双方必然产生严重的缺陷；只有完全遵守这些规律，才能使儿童健康地成长起来。那么请判断一下，所有将来有一天要做父母亲的人，应不应该争取多少学习一点有关这些规律的知识。[1]

第四部分课程内容：历史学。斯宾塞研究发现，历史学的重要价值在于能够给学生提供了解一个国家成长和管理方面的知识，而并不在于使学生知道君王传记、宫廷的明暗争斗以及战争的起因胜负等，前者有助于学生从社会公民的角度调节自己的行为、履行自己的社会职责，后者却极少有什么帮助。

让我们从父母的职责转到公民的职责。这儿我们要问，一个人要尽这些职责需要些什么知识？我们不能说，尽这些职责所需的知识完全都被忽视；因为我们学校某些科目至少在名义上是同政治社会责任有关。此中唯一占最重要地位的是历史。

但是，像前面业已提到的，通常在此名目下所给的知识几乎完全没有指导价值。我们的历史课本中差不多没有任何事实说明政治行动中的正确原则，为成年人写的较详细的著作中也很少有这种原则。君王的传记（我们的儿童就学了这个）对于了解社会的科学几乎毫无用处。熟悉了一些宫廷的明争暗斗、相互篡夺等类事件和其中有关的人物，对于弄清楚国家进步的原因极少帮助。我们读到某些由于争权而引起的战争；以及某某人是大将和副帅，每人有几千步兵马队，多少架炮；每人这样那样部署军队；他们怎样调动，进攻，退却；在某一天什么时候遭了什么失利，什么时候又得到些什么利益；在一次作战中某个主将丧亡，在另一次作战中某一团被消灭；而在所有这些战役胜败之后，这一军队或那一军队得胜；双方有多少伤亡，战胜者俘虏了多少人。好了，在这些细微末节的叙述中，哪一件对于决定

---

[1]　转引自胡毅，王承绪译.斯宾塞教育论著选[M].北京：人民教育出版社，2005.24—29.

你的公民行为有帮助？尽管假定你不只认真读了《世界上的十五次决战》，还读了历史中一切其他战争的记载，在下一次选举中你的投票又能高明多少？你会说"可是这都是事实，有趣味的事实"。毫无疑问，那都是事实（至少非全部或部分虚构的那些），而很多人也可能感兴趣。但这并不意味着它们具有价值。世俗之见和不健全的意见，经常认为几乎全无价值的东西还是一些似是而非的价值。一个爱好郁金香成癖的人得到同样重的金子都不愿放弃一个特好的球茎。另一个人又觉得一件丑陋裂缝的古瓷是他最宝贵的财产。也还有人愿出高价收买著名谋杀凶手的遗物。能不能说这些嗜好就能够衡量满足它们的那些物件的价值？如果不能的话，就必须承认对某种历史事实的爱好并不证明它的价值；我们必须像检验其他事实的价值一样来检验它们的价值，要看它们有什么用。要是有人告诉你邻居的猫昨天生了小猫，你会说那消息没有价值。尽管那可能是事实，你会说那事实完全无用，不能影响你的生活行动，不能帮助你学习怎样生活得圆满。好了，同样去检验一下那一大堆的历史事实，你也会得到同一结果。那些都是从中得不到结论的事实，无法组织的事实；因此不能帮助建立行为准则，而建立行为准则才是事实的主要用途。高兴的话可以看看它们消遣，可是别哄自己说那能给什么教育。

在历史这门科目的著作中，真正可以叫做历史的东西多半被删掉了。只在最近几年，历史家才开始在相当数量上给我们真有价值的知识。既然在过去时代中帝王是一切，而人民全不算数；过去历史中的整个画面就被帝王所做的事充满了，而国家的生活只提供一个模糊的背景。只有到了现在，当国家的而不是统治者的福利逐渐变成主要观念时，历史家才开始注意到社会进步的一些现象。我们真正应该知道的是社会的自然历史。我们需要的是一切能帮助我们了解一个国家成长和组织的知识。在这中间我们当然要叙述它的政权；尽量少谈其中掌握政权的人，而尽量多讲它所表现的机构、原则、方法、成见、腐败等等；这种叙述不只包括中央政权的性质和活动，也应该包括地方政权一直到它们的最小部分。当然让我们对宗教政权也有同样的描述——它的组织，它的行动，它的权力，它和国家的关系；同时还有礼仪、信条和教义——不只要那些名义上相信的，而要那些真正相信的和实际照办的。让我们同时也知道在社会习俗——爵位、礼仪和称谓形式中表现的阶级对阶级的控制。也让我们知道其他调节户外户内人民生活的一般习惯，包括涉及两性关系和亲子关系的那些习惯。还有迷信，从那些较重要的神话直到常用的符咒，都应该指出。接着应该阐述生产制度，说明分工到什么程度，贸易怎样调节——由阶级、行会调节还是用其他办法；雇主和被雇佣者有什么关系；分配商品是什么机构；交通方式是什么；周转的通货是什么。同时，应当讲授国家各级文化情况，不只讲教育的种类和年限，还要讲科学的进步和流行的思想情况。应当讲授在建筑、雕塑、油画、衣着、音乐、诗歌、小说中表现审美文化。也不应该忽视大概地讲述人民的日常生活、饮食起居和娱乐。最后为了把整个联系起来，应当揭示从他们的法律、习俗、格言、行动中看到的各阶级的道德理论和实践。这些事实，要求说得简单明确，综合和排列应该使它们能从全局上了解，能把它们看成一个大整体中的一些相互依存的部分。目的应该是通过讲述这些事实，使人们易于察觉其中的共同点；为的是明白哪些社会现象和其他的哪些现象共同存在。各个时代的有关叙述应设法说明每个信念、制度、习俗和措施是怎样改变的；前面的机构和作用中的共同点怎样发展成后来的共同点。只有关于过去时代的这种知识才能对于一个公民在调节他的行为中有用。只有可以叫做描述的社会学的那种历史，才是唯一有实际价值的历史。而历史学家能完成的最高职务就在于能叙述一些国家的生活来供给比较社会学的资料，并且供给资料使日后能找出社会现象所遵守的根本规律。

但是要注意，尽管假定有了适当数量的真有价值的历史知识，缺乏钥匙还是用处不大。而钥匙只在科学中能找到。没有生物学和心理学的概括，就不可能合理地解释社会现象。人们只有从经验中稍微了解人性才能理解社会生活中最简单的事实，例如供求关系。如果说获得社会学中最基本的真理，都一定要多少懂得人们在一定情况下一般是怎样思考、感受和行动才行；那么对于人们的身心一切能力不充分熟悉，就显然无法精通社会学。抽象地把这事加以考虑，显然要得出这样的结论：社会由个人组成；在社会中所做的一切都由于个人的联合行动；所以解释社会现象只能从个人行动着手。但是个人的行动以他们本性的规律为转移；不了解这些规律就无从了解他们的行动。而这些规律，归根到底，证明都是从一般身心的规律派生的。所以结论是，生物学和心理学是解释社会学所必需的。简单地说，一切社会现象都是生活现象，都是生活的最复杂的表现，都符合生活的规律，而只能在了解生活规律时才能了解。那么，为了调节人类活动的这个第四范围，如前所述，我们要依靠科学。在教学科目中通常所讲授的知识，在指导一个人做公民的行为上很少用处。他所读的历史只有一小部分有实际价值，就是这一小部分他也没有准备去正当运用。他对描述的社会学，不只缺乏资料，就连那概念本身都缺乏；同时他也缺乏那些有机物科学的法则，没有那些法则，即使有了描述的社会学也不能给他什么帮助。[1]

第五部分课程内容：审美文化，具体包括绘画、雕刻、音乐、诗歌以及建筑艺术等课程。斯宾塞总结，这些知识可以满足人们闲暇休息或者娱乐所需，而且对整个人生都有重要意义。他很自信地指出，没有绘画、雕塑、音乐、诗歌以及各种自然美所引起的美感，人生的乐趣就会失掉一半，所以，审美文化对于学校课程内容来说是必不可少的。由于这些内容在人的生活中属于闲暇部分，那么，在教育中也把其安排在闲暇部分。

现在我们到了人类生活中剩下的一个范围，包括闲暇时间消遣和娱乐的那个范围。在考虑了什么训练能最好地在保全自己、谋生、尽父母的职责和调节社会政治行为各方面做好准备之后，现在我们要考虑什么训练能为这些范围中所未包括

---

[1] 转引自胡毅，王承绪译.斯宾塞教育论著选[M].北京：人民教育出版社，2005.29—32.

的各项目的，为了欣赏自然、文学、艺术的各种形式做好准备。照我们这样把它们推迟到那些对人类福利关系较密切的事情后面，又照我们这样拿实在价值去检验一切东西；或许有人会认为我们不免有点轻视这些次要的东西。如果这样，那可是再大不过的错误。但我们对于审美文化和娱乐的价值估计并不比任何人低。没有油画、雕塑、音乐、诗歌以及各种自然美所引起的情感，人生乐趣会失掉一半。所以我们决不认为这些爱好的训练和满足无关重要，我们相信今后它们会在人类生活中比现在占有更大的份额。到了自然的力量已经完全被人征服供人使用，到了生产的方式已经达到圆满地步，到了劳动力已经节约到最高程度，到了教育已经安排得当，能比较迅速地为较重要的活动做好准备，到了因此而有大量增加的闲暇时间，那时候艺术和自然中美的东西就很合理地在所有人的心中占很高地位。

　　但是同意审美文化对人类幸福大有帮助，是一回事；承认它为人类幸福中根本必需，又是一回事。无论它多么重要，它必须让那些与生活职责直接有关的那几种文化领先。像在前面已提到的，有了使个人和社会生活成为可能的那些活动，文学艺术的创作才有可能；得到可能性的东西显然要放在使它可能的东西的后面。养花的为了花来培育一株植物；他承认根和叶的价值主要在于有了根和叶才会有花。可是虽然从最后产品看，花是压倒一切的东西，但一个养花的人知道得很清楚，根和叶有很大的内在重要性；因为要靠它们才能有花。他无微不至地培养一株欣欣向荣的植物，也明白如果只着急要花朵而忽略了那植物，则是很笨的。我们面前的情况也是一样。建筑、雕塑、油画、音乐、诗歌等等，的确可以说是文化生活中的花朵。但是尽管认为它们有这样超出一切的价值，以致压倒使它们生长的文化生活（只怕不好这样说），还是要承认必须首先考虑建立一个有健全文化的生活；而为此服务的培育工作必须占最高地位。[1]

　　可见，斯宾塞这个以科学为核心的课程体系是一个既重视实际应用又重

[1]　转引自胡毅，王承绪译.斯宾塞教育论著选[M].北京：人民教育出版社，2005.32-33.

视科学、既重视指导价值又重视训练价值的课程体系，他是站在为资产阶级完满生活做准备的角度设计的，同时，他也力图把当时科学发展的成就引入到学校教学当中来，这个课程体系几乎囊括了近代自然科学和社会科学的全部范畴，这就从根本上推翻了传统的古典人文学科在学校课程中的统治地位，让科学占据了学校课程的主导地位，从而有力地推动了英国近代科学教育的发展，对欧美各国以及日本的教育都产生了重大的影响。

当然，斯宾塞的课程体系也存在一定的局限性。例如，他站在为资产阶级谋求完满生活的角度来设计课程体系，更加强调资产阶级个人的幸福生活所需，充满了资产阶级个人功利主义色彩。再如，他把审美文化简单归结为消遣品，这实在有待质疑。

五　论智育的原则

斯宾塞认为，要实现"为完满生活做准备"这一根本的教育目的，不但要给学生开设科学的课程，同时还要采取科学的教学原则。斯宾塞是站在批判传统教育的基础上来阐述科学的教学原则，他指出，传统教育中严酷的纪律、虚伪的禁欲主义等都严重压抑了儿童的求知欲望。

（一）自然教学原则

斯宾塞认为，儿童心智的发展有个"自然的过程"，即遵循一定的规律，如果教师不懂得这些规律，教学就难以正确进行。他批判传统旧教育违背了儿童的心智发展规律，认为旧教育是把错误的知识，用错误的办法，照着错误的次序灌输给学生，比如，死板无趣的政治地理教得很早，而儿童感兴趣的自然地理却被略去了，每一门学科在讲授中也违背了通过个别实例来揭示概念的自然次序，等等。斯宾塞根据儿童心智发展规律，提出了从简单到复杂、从不准确到准确、从具体到抽象、从实验到推理等原则。

在教育中我们应该从简单到复杂，是一个历来就多少照着实行的真理；当然未见得照这样承认，也不见得是一贯实行。心智是在发展的。像一切发展中的事物一样，它是从相同进到不同；一个正常的训练制度，作为这主观过程的客观对照，就必须表现同样的进程。不但如此，照这样解释，我们还可以看出这公式的应用要比最初看来的广泛得多。因为这个道理不只要求我们在教各种的知识中从单一的进到组合的，同时对知识的整体也应该这样。既然心智最初只有少数能力在活动，逐渐才有较晚完成的能力起作用，最后才是所有的能力同时活动；所以我们的教学应该从同时只教少数科目开始，逐渐增加，而最后是所有科目齐头并进。教育不只在细节上应该从简单到复杂，在全局上也应该是这样。

心智的发展，同其他一切发展一样，是从不准确到准确。同机体的其他部分相同，脑子也是在成年时才达到它完成的结构；由于它的结构还没有完成，它的动作就缺乏准确性。因此像最早的动作和说话的尝试一样，最初的知觉和思维也是十分模糊的。正如眼睛开始只能分辨明暗，逐渐进步，才能够很准确地区别色彩种类和深浅以及形式细节；心智的整体和它每一个能力，都是从分辨事物和动作的大概开始，逐步进到更细微更明晰地分辨。教育内容和方法必须符合这个一般规律。把确切的观念教给未发展的心智是做不到的，如果能做到也没有好处。当然我们可以在早年把包含这些观念的字句形式加以传授；习惯于这样做的教师总假定学会了这些字句形式就获得了其中应有的观念。但是简短考查一下学生，就证明恰巧相反。结果或是记住了字句而很少或全未想到它们的意义，或是对意义的了解非常模糊。只在积累的经验为准确的概念供给了材料之后，只在逐年的观察揭示了一些较不显著的特点去辨别原来混在一处的事物和过程之后，只在各类同时存在和先后存在的情况由于事例重复而渐渐熟悉之后，只在各种关系由于相互的限制而渐渐准确地彼此划分之后，才能真正理解高深知识的准确定义。所以在教育中我们必须满足于从粗糙的概念开始。我们要帮助儿童获得经验，去首先纠正最大的错误，再进到不那么显著的错误，来逐渐使这些概念清楚。只能按照概念逐渐完整的速度来介绍科学公式。

教课应该从具体开始而以抽象结束。这有点像是把上述的头一个原理作部分的重复。虽然如此，还是必须提出，如果不是为了别的，至少是为了指出在某些情况下什么真正是简单的和复杂的。因为在这一点上不幸有很多误解。人们曾经假定：

他们拟出来表达许多细节的、从综合许多事实成一件事实而把概念简化了几次的一些普通公式，一定也会使儿童的概念变简单些。他们忘了概括只是比它所包括的全部个别真理为简单；它比从这些真理中单独抽出的任何一个要复杂得多；只在已经获得了许多这种单一真理以后，概括才容易记住和有助于推理；而对于未掌握这些单一真理的人概括必然是个哑谜。因为混淆了这两种简单化，教师们经常的错误就在从"第一原理"出发。那做法虽然表面上看来并不怎么样，其实在本质上同一个根本规则有出入。那规则就是讲授原理的时候要通过事例，要从个别到一般，从具体到抽象。

这种研究的结论之一就是在教学的每个部分我们都应该从实验到推理。在人类进步中，每一门科学都是从与它相应的技艺中演化出来的。那原因是由于我们作为个人或作为一个种族，必须经过具体达到抽象，必须先有实践再加上积累的经验和经验的概括才能有科学。科学是组织好的知识，一定先要占有一些知识才能把它组织起来。每种学习因此都应该从纯粹实验入门，应该只在积累了充分观察之后才开始推理。为了说明这个规则的应用，我们可以举出把语法不放在语言之前而放在它后面的现代办法，或是在讲透视之前先作实际绘画的通常做法。以后还会指出其他的应用。[1]

（二）快乐教学原则

斯宾塞认为，只有激发儿童的好奇心和求知欲望，让儿童在"愉快的教育过程"中学习，教学才能取得成效。斯宾塞有句名言："教育使人愉快，要让一切教育带有乐趣"。在斯宾塞看来，兴趣是儿童天然的本能，比教育者的任何方法都更为可靠，这与传统教育中的"困苦"教育是截然不同的。斯宾塞把能够引

---

[1]　转引自胡毅，王承绪译.斯宾塞教育论著选[M].北京：人民教育出版社，2005.60—62.

起学生的学习兴趣和快乐看成是检验一切教学成功与否的标准，说这是值得依靠的"稳当办法"，他说："作为评价任何培养计划的最后考验，应该提出这个问题：它是否在学生中造成一种愉快的兴奋？"斯宾塞强调，不管何种方法，如果在实践中不能引起学生兴趣，就应该把它放弃，同时，教学应该在儿童表现出疲劳症状以前就该停止。总之，一切教学都要围绕着学生的学习兴趣来进行。斯宾塞的快乐教育原则，旨在把学生引向愿学、乐学的境界。

作为评判任何培养计划的最后考验，应该提出这样一个问题：它是否在学生中间造成一种愉快的兴奋？在拿不准一种特殊方式或安排是同上述的各原理协调，还是同某些其他原理更协调的时候，稳当的办法是依靠这个标准。尽管从理论上看，某个做法似乎最好，但如果它不引起兴趣或比其他办法引起较少的兴趣，我们就应该放弃它；因为儿童智慧的本能比我们自己的推理要更可靠。在获得知识的能力这一方面，我们可以放心依靠这个一般规律：就是在正常情况下，健康的活动是愉快的，引起痛苦的活动是不健康的。虽然目前在情绪本性方面并不完全符合这条规律，可是智慧本性，或至少是儿童所表现的那些部分，是几乎完全符合这条规律的。学生们讨厌这种或那种学习，时常引起教师焦急。其实那些厌恶都不是天生的，而是教师那个不良的制度引起的。费伦伯格曾说过："经验使我明白年轻人的怠惰和他们喜好活动的自然倾向是完全相反的，所以那种怠惰如果不是不良教育的后果，就几乎全与身体缺陷有关系。"儿童中间那么容易产生的自发活动都不过是追求在健康地使用能力中所得的乐趣。某些较高的智力，在种族中还无甚发展，只有最优秀的人们才天生具有一些；的确，这种较高的智力一时还没有条件得到应有的发挥。但是，正由于它那个复杂性，在培养儿童的正常过程中，这些要最后才用到；因此在要求它们的时候，学生已经到了一个外在动机可以发生作用的年龄，那时候间接的愉快就可以胜过直接的不愉快。对于比这些较低的能力，活动后的直接满足是个正常刺激，而安排得好就只需要那个刺激。如果还要靠某些其他刺激，我们就必须把那件事看作证明我们走错了方向。经验日渐明显地指出，要引起兴趣甚至快乐总可以找到方法；而且这个方法总是一个用所有其他验证也都证明是正确的。[1]

　　所用的培养方法应该是能够引起内在快乐的活动；不是因为能够获得外来奖励而快乐，而是因为它本身有益健康。遵照这个要求，不只不会阻挠演化的正常过程，同时还可获得重要的正面利益。我们如果不是要回到禁欲的道德（或不如说不道德），就必须承认保持青年的快乐本身就是一个有价值的目标。但是且不谈这个，我们先说快乐的情感状态是比冷淡或厌恶的状态远远有利于智慧活动。每人都知道高兴的时候所读所见所闻的东西，比在漠不关心时所读所见所闻的能记得住。在一种情况下，有关的能力是主动贯注在当前的内容上；而在另一种情况下则是不主动的，注意力不断被更有吸引力的想念引导到了别处。这样，印象的强弱就有了不同。此外，如果学生对某种学习不感兴趣，那就不只是心智上倦怠，还必然对于后果怀着极端的恐惧。由于这个恐惧分散他的注意，他就更难于使能力集中到他所讨厌的事实上去。因此，在同等情况下，教学的效率显然是和学生从事的那件工作所得到的满足成比例。

　　还要考虑到日常功课惯常引起的愉快或痛苦有严重的道德后果。没有人能够比较两个男孩子的面貌举止，一个由于掌握了有兴趣的题材而快乐，另一个由于讨厌学习，由于因此缺乏能力，由于冷眼、威吓、惩罚而苦恼，由于未能进行这样的比较而看不出一个的性格是得了益而另一个是受了害。任何人注意到成功和失败对于心智的影响，以及心智影响身体的力量，都会见到在一种情况下脾气和健康都得了好处，而在另一种情况下有危险产生永久的沉闷，永久的胆怯，甚至永久的体质上的抑郁。还有一个间接结果的重要性也不小。在同样情况下，教师与学生的关系也是由于培养的办法引起快乐而成为友好和能起作用，或是由于那办法引起痛

---

[1]　转引自胡毅、王承绪译.斯宾塞教育论著选[M].北京：人民教育出版社，2005.64—65.

苦而产生对立和不发生影响。人类是由他们的联想所支配的。每天给他痛苦的人不会暗中不被讨厌；而如果他除给痛苦外不引起其他的情感，那一定会变成仇恨的对象。反过来，一个经常帮助儿童达到目的、时刻供给他们以胜利的满足、时刻在困难中给鼓励、在成功时有同情的人，就会被他们喜欢；而如果他的行为一直是这样，一定会受到爱戴。当我们想起一个我们觉得像朋友的老师的管教，比起一个我们讨厌的、或至少不爱理睬的人的管教来，是多么有效与和善，我们就可以推断用快乐的原则进行教育的间接优点并不少于它的直接优点。对于一切怀疑这些办法能够实行的人，我们还是照前回答：不止在理论上有充分根据，在经验上也有实际证明。除了从裴斯泰洛齐以来的知名教师的许多判断都证明此点以外，还可以加上皮兰斯教授的意见。他说："照应该用的办法去教青年人，他们在上课中会像在玩耍中一样快乐；他们从心智力量有了指导得当的练习所得来的乐趣，很少是小于从肌肉力量得到练习时所得的乐趣，而往往是比它还大。"[1]

（三）自我教育原则

斯宾塞在倡导愉快教育的过程中发现，自我教育就是一种愉快的教育，因为儿童的自发活动都是在追求兴趣中进行的。斯宾塞把自我教育看成是教学工作中的又一重要原则，并将其和快乐原则一并视为检验教学是否符合儿童能力发展阶段的重要标准，将其视为教育信条来看待。斯宾塞十分反对灌输式的教学方法，强调教育者在教学中应该尽量鼓励学生自己进行探讨，让学生自己去加以推论，教育者所讲的要尽量少些。为了培养学生自我教育的习惯，教师应该尽量让儿童去接近他们自己感兴趣的、自己能主动吸收的知识，引导他们成为"积极的发现者"。斯宾塞如此强调自我教育，不仅因为自我教育能激发学生

[1] 转引自胡毅, 王承绪译.斯宾塞教育论著选[M].北京.人民教育出版社,2005.82-83.

的求知兴趣，还能够保证学生所学知识的印象鲜明、记忆深刻，还能促使学生把所学的知识有效地转化为能力，还能使学生形成自我教育的习惯和能力，从而保证离开校园之后，能够自我开展继续教育以及终身教育。

前面那个一般原理的第二个推论，一个无论怎样竭力坚持也不过分的推论，就是在教育中应该尽量鼓励自我发展的过程。应该引导儿童自己进行探讨，自己去推论。给他们讲的应该尽量少些，而引导他们去发现的应该尽量多些。人类完全是从自我教育中取得进步的，而为了取得最好的效果，每个人的心智必须多少照同样方式取得进步。这一点在靠个人奋斗而成功的人的突出成绩上已经不断地得到证实。那些在通常学校练习中教出来的人，总认为教育只在那种形式下才有可能，会觉得让儿童做自己的教师是件没有希望的事。可是如果他们考虑一下，儿童早年并没有靠帮助得到了关于周围事物的很重要的知识；如果他们记得儿童在运用本国语言方面是自己学会的；如果他们估计一下每个孩子自己获得的那些生活经验或在学校以外得来的聪明占多大分量；如果他们注意到无人教养的伦敦流浪儿，在他的能力从各方面受考验时所表现的特殊智慧；如果他们再想想，有多少人没有别人帮助，不但克服了我们那个编排得不合理的课程中的迷惑，还克服了其他很多障碍而取得上进；他们就会看出如果科目的次序和形式安排得当，具有普通能力的儿童可以不要什么帮助就能克服他那一系列的困难，并不是一个没有理由的结论。有谁能够看到儿童心中不断在观察、询问和推理，或听到他对能力范围以内的事物的一些敏锐评论，而不觉察到其中所表现的能力，如果系统地运用到同一范围内的功课上，一定可以不要帮助而能很容易地掌握它们？需要向学生讲个没完，原因是我们笨，而不是儿童笨。我们不让他接近他感兴趣的、自己能主动吸收的事实。我们给他一些复杂得无从了解的事实，因此就使他觉得这些事实讨厌。我们看见他不会自动地去学这些事实，就运用威胁惩罚去往他心里塞。照这样不给他所想要的知识，却硬填一些他不能消化的知识，我们就使他的能力发生病态，使他对一切知识发生恶感。到了一方面由于我们把他们弄成呆滞懒惰，一方面由于所学的东西仍然不适合，什么都要解释儿童才能懂得，他们只是被动地在受教的时候，我们就来推论说教育必须照这样进行。我们的方法既弄得事情不好办，又把事情不好办作为要我们用这种方法的理由。因此，显然没有理由把教师的经验用来反对我们所主张的制度。见到这点的人都会看出我们可以放心大胆地一直依照自然的办法去训练，可以通过适当的处理使心智在较后阶段同在较早阶段一样地自己去发展；只有这样才能培养出最高的力量和活动。[1]

必须再谈谈，进一步强调两个至关重要而最被忽视的一般原则。一个是：在青年期同在儿童早期与成年期一样，整个的过程应该是一个自我教育的过程。连带的原则是：所引起的心智活动应该一直是内心乐意接受的。假定认为由简到繁、由不准确到准确、由具体到抽象的过程是抽象心理学提出的主要要求，那么自己掌握知识的主要要求，那么自己掌握知识和愉快地掌握它们这两个要求就可以作为检验，来考查我们是否遵照了抽象心理学的指示。如果前者包含了心智成长的科学的主要概括，后者就是培养心智成长的艺术的重要信条。因为如果我们课程的步骤安排得使学生只要些许帮助或无需帮助就能自己逐步上升，那它们显然一定符合他能力演化的阶段；如果各个步骤中的逐步成就都使他得到内在的满足，那么它们所要求的也显然不过是他的力量的正常运用。

可是除了使我们的功课有个正确次序这点以外，把教育作为一个自我演化的过程还有其他的好处。首先，它保证了印象的鲜明性和持久性，这是从通常办法永远得不到的。学生自己得来的任何一项知识，自己解决的任何一个问题，由于是他自己获得的，就比通过其他途径得来的更彻底地属他所有。他那个成就所需要的心智准备活动，必要的思维集中，胜利后的兴奋，结合起来就使一些事实深深印入他的记忆中；而单凭从教师那里听到或从课本中读到的任何知识则绝对做不

[1] 转引自胡毅，王承绪译.斯宾塞教育论著选[M].北京：人民教育出版社，2005.63—64.

到。尽管他遇到失败，他能力所达到的紧张程度也担保他从别人那里得到解答时能够记住，比重复五六次还强。其次，要注意这种训练要求他把获得的知识不断地加以组织。照这个正常方式吸收的事实和推论，从本质上就逐步变成下一步结论的前提和解决下一步问题的办法。解答了昨天的问题就能帮助学生掌握今天的问题。这样得来的知识，一到手就转变成能力，马上就对思维的一般职能有帮助，而不像死记硬背的知识只是写在脑中书库的书页上。再其次，要注意这种经常的自助所涉及的道德培养。有勇气去克服困难，有耐心去集中注意，失败后还能坚持，都是日后生活中特别需要的性格，而这些性格正是这个使心智自取食粮的办法所特别形成的。照这样来进行教学是完全实际而可能的，我本人就可证明；在青年时代我就是通过这样的指引来解决透视学中一些较复杂的问题的。许多知名教师也都倾向于这个看法。例如费伦伯格说："学生个人的独立活动，比起许多充当教育者的人的一般忙乱干扰要重要得多。"霍勒斯·曼(Mann, Horace)说："目前我们的教育不幸是讲得过多而没有训练。"马谢尔也说："学习者从心智努力发现的东西，比别人告诉他的要理解得好得多。"[1]

我们还可提到一件事实，作为主张把教育看作自我教育过程，因此也是个愉快的教育过程的最后一个理由，那就是越能做到这样，教育就越不至于在离开学校时停止。学生的求知如果经常引起他们的厌恶，那么到他能摆脱家长、教师的强迫的时候就很可能中断。如果求知经常带来满足，在督促下进行的自我培养就大有可能在没有督促时继续进行。这是必然的结果。只要心智联想的规律还是有效的，只要人们不喜欢那些引起痛苦回忆的而喜欢那些引起以往欢乐的事件和地点，痛苦的功课就会使人们感到知识讨厌，而愉快的功课会使知识吸引人。那些在少年时期从无聊的工作中带着恐吓惩罚得到些知识的人们，那些从来没有养成独立探讨习惯的人们，日后很不可能继续钻研；而那些在适当时期从自然形式中

[1] 转引自胡毅, 王承绪译.斯宾塞教育论著选[M].北京: 人民教育出版社, 2005.80—82.

获得知识的人们，那些记住一些事实不只是因为它们本身有趣、同时因为它们是许多快意的成功中的片段的人们，就很可能终身继续他们在青年时代开始的自我教育。[1]

[1] 转引自胡毅，王承绪译.斯宾塞教育论著选[M].北京：人民教育出版社，2005.83—84.

六 论德育的自然惩罚理论

(一)自然惩罚理论的渊源

斯宾塞倡导的自然惩罚理论是对卢梭自然后果法的继承与发展,同时也是他的个人主义与自由主义哲学思想在教育中的反映。

卢梭的自然教育思想的重要内涵就是按照自己自然的秩序对儿童进行教育。卢梭认为,儿童在十二岁以前,对任何道德概念都缺乏认识,他们跟动物一样过着非常物质的生活,对儿童施以任何强制都是违反自然秩序的。因此,无需直接斥责孩子,如果他有冒失的行为,只需让他们碰到一些有形的障碍或受到由其行为本身产生的惩罚,就可以加以制止。可见,斯宾塞的自然惩罚理论基本上就是对卢梭自然后果法的继承。但是,斯宾塞并非一成不变地照搬,而是进行了一定发展,他把卢梭提出的只适用于十二岁以前的自然惩罚推广到人生的整个教育过程之中,他指出,一种行为如果它当时的和日后的整个结果是有益的,就是良好的行为,而一种当时和日后的整个结果是有害的行为就是坏行为。归根结底,人们是以结果的愉快或痛苦来判断行为的好坏。

斯宾塞自然惩罚理论的形成也渊源于他的个人主义和自由主义哲学思想。19世纪中叶,以孔德为代表的实证主义哲学在英国有着巨大的影响力,斯宾塞也是实证主义的代表人物,他接受和发挥了实证主义哲学的基本特征。但是,斯宾塞作为一个倡导进化论者,又与孔德思想有所不同,他将进化的思想共性化,将其作为一切事物的普遍规律,运用于宇宙万物,尤其注重运用于人类社会生活的各个领域。这样，斯宾塞得出结论，社会应该按照自然界的规律来组织，而最好的政府就是那种极少对人们个人生活进行干预的政府，相信人们可以在不受政府干预的情况下按照这种规律来处理个人的一切事务。斯宾塞把这一进化原理应用于个人的发展和教育领域时，得出的观点是，教育必须遵循人类自身的进化过程，必须尊重儿童的自然权利，他提出了国家和社会不干预教育的主张。在斯宾塞看来，儿童的发展应该是自然的，不应受到任何权威的束缚和干预，而道德教育中的人为惩罚就是外在权威对儿童进行束缚和干预的体现。斯宾塞认为，惩罚不但不能改造人，在许多情况下，反而增加了儿童犯错误的可能和程度，因而他主张让儿童自己来体验行为的必然结果。

（二）自然惩罚理论的内涵

斯宾塞认为家长常把一切过失都归因到儿童身上，而将自己的责任忽视了。在教育过程中，父母经常使用人为的体罚和粗鲁的话语，一味地发泄自己的愤怒情绪，缺乏对孩子的真正关怀。这种做法虽然在一些时候能见到效果，但是极容易造成孩子对父母产生逆反心理，进而导致亲子关系更加疏远。斯宾塞认为，对于儿童的过失，最好的办法是"自然惩罚"，其不同于人为惩罚的地方在于，这些惩罚的特点在于它们只是那个行动的不可避免的后果，它们只是儿童行动所引起的必然反应，这种惩罚对所有人都是平等的，而且是普遍的、必然的，这种公正会让孩子反思自己的行为本身，而不是抱怨或折射到别人身上。斯宾塞举例说，孩子打破了房间窗户的玻璃，作为家长，既不要责骂他，也不要帮他去修理窗户，而是让寒冷的空气进来，让他懂得无法忍受，这种由其错误行为带来的痛苦体验就是一种自然惩罚。可见，斯宾塞的自然惩罚理念，惩罚不是出于权威者的意志，而是来自于事物的本性，儿童接受的惩罚只不过是自发产生的后果而已。可现实中，大多数家长和教师只是一味地滥用语言警告和肢体惩罚来告诉孩子各种行为的错误，用自己成熟的标准去干涉孩子的不成熟做法，这样做只会造就表面上成熟但道德低下的素质人或十分叛逆的人格。因此，按斯宾塞所说，家长要放手，给孩子足够的探索空间，让其在自然的必然惩罚中逐渐地学会管理自己。当然，斯宾塞强调自然惩罚，并不是要忽视或排除父母在儿童发展中的作用，在一些特殊的有损肢体或带有重伤危险的情况下，父母就要强力制止而不是等待儿童行为后果的自然惩罚，以免给孩子带来致命的伤害，因为儿童毕竟还没有成长到能够自己完全保护自己。

自然惩罚也不是绝对消极被动的，要想使自然惩罚取得更好的效果，父母要有意识地参与其中。斯宾塞对自然惩罚的重要前提——"父母和子女之间的关系要好"进行了说明，认为只有建立了良好的亲子关系和深厚的感情基础，儿童更容易敏锐地感觉到自己行为的过失，而且会更倾向于相信父母，进而听从他们的教导。斯宾塞提出自然惩罚的前提——父母和子女之间的关系要好，更容易被中国人所接受，中国有句古话说得好："亲其师，信其道"，教育者只有与孩子之间建立了良好的感情基础，在孩子心目中产生威望，其教育才能够触动学生的心灵。斯宾塞同时强调，作为父母，一定要少发号施令，而且要注意自己对孩子的要求一定要前后一致，他指出：前后不一致是教育中最严重的错误，斯宾塞强调，宁愿要一个一贯执行的野蛮家庭管理，而不要一个前后不一致的人道做法。可见，建立良好的亲子关系不仅需要家长的心智努力，更需要良好的自制。

(三)自然惩罚理论的优点

通过对斯宾塞自然惩罚理论的介绍与分析,我们进一步归纳出如下几个优点来,帮助我们更加深刻认识斯宾塞自然惩罚理论的价值所在。

其一,非人为性。儿童在接受自己错误行为自然来的不愉快结果时,外在权威——家长和老师既不对儿童的错误行为进行直接的人为惩罚,也不去帮助儿童弥补、消除不愉快结果,对此表示中立态度,自始至终不加干预,让这种不愉快结果给儿童带来痛苦的体验。斯宾塞批评教育中许多家长总是认为干预,他指出:在管教方面具有主要价值的并不是体验家长的赞许或斥责,而是体验那些在没有家长的意见或干预下他自己行为最终引起的结果。真有教育意义和真正有益健康的后果并不是家长们自封为自然代理人所给予的,而是自然本身所给予的。因此说,自然惩罚是一种非人为性质的道德管教方式。

其二,因果必然性。自然惩罚是过失行为的必然结果,具有必然性和不可避免性,儿童选择了错误行为就一定要等待接受错误行为带来的后果,这是一种因果必然性。斯宾塞举例说,孩子跌了一跤或把头碰在桌子上的时候,一定会感到疼痛,"疼痛"就是"跌了一跤或把头碰在桌子上的"这一过失行为的必然反应,儿童无法通过某种方式避免。这种惩罚并非出自外在权威者的意志,完全是由行为自身决定的。斯宾塞认为儿童错误行为的自然反应都是固定不变的、直接的、毫无迟疑的和逃不掉的,没有威吓,只是静静地严格地执行,孩子用针刺痛了手指,接着就会痛,再干就再痛,永远如此。

其三,公正性。斯宾塞认为,自然惩罚一个重大好处就是它完全是公正的,对于这一点,儿童自己都是承认的。自然惩罚仅仅是自然带来的结果,它不会因权威者的情感等因素不同而有所差异,而人为惩罚就是另一种表现,比如,有些教师会因对不同儿童的好恶而使得惩罚的程度和方式都所有不同，不同的家长对于不同孩子所犯的同一错误所施用的惩罚也有所不同……但是，自然惩罚完全杜绝了这些主观任意性，具有极大的公正性，犯过失的人都会毫无例外地受到惩罚。

其四，教育性。自然惩罚能够使儿童深刻认识到因果关系，这就赋予了自然惩罚教育性的特征。斯宾塞认为，人为惩罚恰恰使儿童失去了这样的受教育机会，因为人为惩罚普遍以责骂、体罚来代替不当行为的后果，这就是儿童把家长的不高兴看成是不良行为的主要结果，这是一种错误的因果联想，因为他们不是在自己的过失与过失所带来的自然后果之间形成的因果联系，就不能使儿童准确地理解其中的因果联系。自然惩罚恰恰能够使儿童产生正确因果概念，使儿童在过失与过失后果之间建立了固定的因果联系，使儿童能够形成正确与错误的理性认识，从而学会了怎样正确行动。自然惩罚给儿童带来的印象是深刻的，能够有效避免以后类似过失行为的再次发生，斯宾塞认为，人们是由于从实验中得到了关于自然后果的知识才能够使自己不走错路。这种"付出了惨痛代价"、"下了本钱"而换来的经验给他的印象是深刻的、影响是久远的，类似过失以后难以再次出现。

其五，和谐性。自然惩罚不但可以使儿童情绪稳定，更能减轻家长或老师的烦恼，这有利于消解彼此之间在情感上的对立冲突。由于自然惩罚是儿童自己过失行为带来的痛苦后果，不自然的非人为的，而且公平合理，使儿童无话可说，不会把自己所受的痛苦归咎于他人。作为家长或教师，并没有参与其中，因此也能保持比较平静的心境。但是，如果家长或教师用人为的惩罚来替代本该由自然赋予的惩罚，那么儿童就会把自己的过失看成是冒犯了权威者，会产生恐惧、不满等情绪，这会影响双方之间的关系。斯宾塞认为，一个非人为力量给予的惩罚，只是暂时使他略微感到不舒服，而家长有意给予的惩罚，就在比较长的时间使他感到较大的痛苦。总之，自然惩罚可以使双方都能保持平静的情绪，这对亲子之间、师生之间建立良好和谐的关系具有重要意义。

（四）自然惩罚理论的不足

其一，自然惩罚未必具有德育价值。斯宾塞是在《德育》一章中阐述他的自然惩罚理论的，而且行文中也多次提到"道德"这一概念，由此可以说，斯宾塞看重的是自然惩罚的道德教育意义。法国社会学家涂尔干对德育中惩罚的本质进行了研究，他认为，惩罚的目的是为了使儿童重视道德规范的权威，内心建立起对道德规范的尊重，但事实上往往适得其反，惩罚反而使道德规范在儿童心目中的地位被贬低了，这是对于人为惩罚而言的。涂尔干进一步分析了斯宾塞的自然惩罚理论，他认为，自然惩罚的确有教育意义，但未必一定是道德教育意义，儿童的过失行为不一定使他感到自己犯了一个道德错误，不会意识到自己应该在道德上受到谴责，而是别的经验教训。涂尔干的分析确有道理，比如，儿童弄坏了什么东西，他自责或许是后悔自己的粗心大意，而不是因为侵犯了某一道德规范而产生的良心自责。

其二，自然惩罚只与行为的结果有关，而不关涉行为的动机，这就难以使惩罚失去效能。斯宾塞只强调行为结果，而不问行为的动机。但事实上，恶的动机未必产生恶的行为结果，善的动机未必产生善的行为结果。如果儿童恶的行为动机产生了有益的行为后果，儿童体验到的就不是痛苦而是愉快，这就使儿童免受了自然惩罚，还会给他造成恶行为也符合道德规范的错觉，如果儿童善的行为动机产生了有害的后果，儿童体验到的就不是愉快而是痛苦，就会使儿童放弃该道德行为，这样，自然惩罚削弱了儿童对道德规范的正确理解。

其三，自然惩罚有时并不是立即显现的，甚至是日后很久才显现出来，远期的后果体验难以让儿童建立起因果联系，即使建立起因果联系了，也可能是"悔之晚矣"的处境了。斯宾塞主张让儿童通过体验恶行为的后果来达到使他们不再选择恶行为的目的。儿童偷盗是一种违反道德规范的行为，但是，偷盗的即时效果可能是使他沾沾自喜，凭儿童有限的认知他不能认识到该行为所带来的远期后果，在这种情况下，斯宾塞自然惩罚理论的缺陷就暴露出来了。

其四，儿童遭到自然惩罚后，受认知水平的局限，他建立的因果联系未必是正确的。前面分析了自然惩罚的因果必然性，有果必有因，儿童也会归因分析，但他的分析未必是正确的。比如，儿童损坏玩具后，他可能认为是家长买的玩具质量不好，甚至要求再买一个好的，而不是检讨自己的行为过失。由于他不能正确地建立行为和结果之间的因果联系，他就不会把自己承受的痛苦归咎于他人。这样一来，斯宾塞所预想的儿童和家长之间的和谐关系也无从谈起。

孩子跌了一跤或把头碰在桌上的时候，他会受到痛苦，一想起这个痛苦就会使他比较谨慎；这种经验的重复终究会使他取得教训，能够正当地指导他的动作。如果他拿火炉通条，伸手到蜡烛火焰中，或泼了开水到身上，那烧伤烫伤是一个不容易忘掉的教训。一两次这种事件会给他这样深刻的印象，以致日后无论怎样劝说也不能使他不理睬其中的规律。

在这些事例中，自然通过最简单的方式，给我们说明了道德管教的正确理论和实践。这种理论和实践，尽管从表面看来，好像很接近一般人所接受的看法和做法，如果加以检查，我们就可以看出是大不相同的。

首先，要注意在身体受伤和它们所施的惩罚当中，错误的行为和它的后果是简化到了最简单的形式。虽然照一般的涵义讲，正确和错误两个词似乎在只直接影响身体的行动中不大用得上，可是思索过这个问题的人会看出这方面的行动，必须同任何其他行动一样，都归入这两类。无论从什么假定出发，一切道德的理论都公认：一种行为，如果它当时的和日后的整个结果是有益的，就是良好行为；而一种当时的和日后的整个结果是有害的行为就是坏行为。归根结底，人们是从结果的愉快或痛苦来判断行为的好坏。我们说酗酒是坏事，因为它伤害身体和给醉汉及家属带来道德上的坏处。如果偷盗使小偷和失主都感到愉快，也就不会算是一个罪恶，假如善行竟会增加人类的痛苦，我们就应该谴责它而不说它是件好事。只需看看报章的评论或听听有关社会事件的谈论，就能见到人们总是从估计它所产生的结果是增加人类愉快或痛苦来衡量议会法案、政治运动、慈善事业的鼓动，以及个人的所作所为。而如果从一切第二性的派生的观念的分析中我们能够看出这就是对正确与错误的最后检验，那么，我们就不能反对根据所产生的结果是有益还是有害来把身体行为分成对的还是错的。

其次，要注意那些防止躯体过失的惩罚是什么性质。因为没更好的字眼，我们叫它惩罚，严格说来并不是惩罚。它们并不是人为地或不必要地给予痛苦，而只是对那些基本上对身体有害的动作加以有益的限制，没有这些限制人们就会因身体受伤而很快丧命。这些惩罚（如果我们非这样叫它不可）的特点在于它们只是那个行动的不可避免的后果，它们只是儿童行动所引起的必然反应。

还要注意，这些引起痛苦的反应是和过失成比例的。小小的意外引起轻微的痛苦，较严重的引起较厉害的痛苦。并不注定一个碰了门坎而摔跤的孩子要受过分的痛苦，使他比那必要的痛苦会教给他的程度更加小心。而只是在日常经验中让他从大小不同的错误中得到大小不同的惩罚，从而学会怎样行动。

最后，要注意儿童错误行动的自然反应都是固定不变的，直接的，毫不迟疑的和逃不掉的。没有威吓，只是静静地严格地执行。孩子把针刺了手指，接着就会痛。再干就再痛，永远如此。在和无机的自然打交道中，儿童所遇到的是这个毫不动摇的坚持性，既不听辩解也无法申诉；很快他就承认了这个严肃而善良的管教，非常谨慎，决不再犯。

　　当我们记得这些普遍真理在成人生活中和在幼年生活中都一贯如此,它们就显得更有重要意义了。人们是由于从实验中得到了关于自然后果的知识才能够使自己不走错路。在家庭教育停止以后,在没有家长教师来禁止这种或那种行为的时候,也有一种像训练年幼儿童自己指导自己那样的管教在发生作用。如果一个人世谋生的青年虚耗时间,把交办的事情做得又慢又差,不久就会得到自然惩罚:他会被开除,会要忍受一阵比较贫困的苦头。一个不守时刻的人,老误了事务性的或文娱性的约会,就会不断地感到不方便、有损失、被剥夺。商人取利过高就失去顾客,从而使他的贪心受到限制。登门求诊的人减少了,就教育一个粗心大意的医生对病人多下点功夫。轻易相信别人的债主和太乐观的投机者,都从由自己冒失所引起的困难中取得必须小心谨慎的教训。诸如此类,每个公民的生活中都一样。在这些情况下,大家常引用这句话:"烧伤了的孩子怕火。"这句话就不只说明大家都承认社会的管教和自然对婴儿的早期管教是类似的,也说明大家都相信这是一种最有效的管教。不但如此,人们不只是心里有这种信念,还很明确地把它提出来。每个人都听过别人承认,只是经过"下了本钱的经验",才使他们放弃过去某些坏的或愚蠢的行为方式。每个人都听过在批评这个浪费者或那个阴谋家的作为时,总有人提到劝告没有用,只有"惨痛的经验"才会产生效果;也就是说要受到那个不可避免的后果才行。如果还需要更多的证据来说明自然反应不只是最有效的惩罚,而且没有任何人为的惩罚可以代替它,那么,我们可以指出我们的许多刑事设施都遭到了可耻的失败。在已经提出的和立法执行的许多管教罪犯的办法中,没有一个达到了倡议者的要求。人为的惩罚没有能够改造人;在许多情况下,反而增加了犯罪。唯一成功的改造场所是那些做法接近自然方法的私立机构。它们只不过是给犯罪行为以自然后果:根据社会安全的需要减少罪犯的行动自由,以及要求他们在受这种约束的情况下自谋生活。从此我们就看出,能管教儿童使他有正当行动的纪律就是使大多数成人就范和多少得到改进的纪律;而且对于那些最坏的成人, 人为的纪律离开了这个天定的纪律就失败, 接近了它就开始成功。

在这里我们不是就有了德育的指导原则吗? 我们难道不应该推论, 一个在婴儿期和成年期效果这样好的制度在青年期也一样良好吗? 难道会有任何人相信, 一个在生命开始阶段和最后阶段有用的方法却在中间这个阶段没有用? 难道还不清楚, 作为"自然的执行者和解释者", 家长的职责在于使儿童一贯体验到他们行为的真实后果, 那些自然反应; 既不避开它, 也不加重它, 也不用人为的后果去代替它吗? 不抱成见的读者没有不会马上同意的。

或许不少人会说, 多数家长已经是这样做了; 他们所给的惩罚是不良行为的真实后果; 家长用粗暴言行表达的怒气就是儿童过失的结果; 儿童受到身心痛苦时, 就体验了行为不当的自然反应。这种说法虽然有许多错误, 也还包含了一些真理。毫无疑问, 父母的不高兴是儿童过失的真实后果。而把它表现出来也通常可以阻止这些过失。感情激动的家长给犯过的孩子的打骂威吓, 毫无疑问都是他们的过失在家长那方面实际引起的效果; 因此就某种意义说也可以算做错误行为的自然反应。我们也不能说这些处理形式不是相对正确; 就是说, 对于一些控制不良的家长们的无法控制的儿童, 对于这种控制不良的成人还占多数的目前社会情况, 可以说是正确的。前面业已提到, 教育制度同政治及其他制度一样, 一般只能改善到人性情况所容许的程度。野蛮家长的野蛮儿童多半只能用这些家长自发采用的野蛮方法来约束, 而对这些野蛮方法的屈服也或许对于这些儿童将要参加的野蛮社会是个最好的准备。反过来, 文明社会的文明成员就自然会采用不那么激烈的办法来表示他们的不高兴; 会自发地运用较和缓的措施, 一些对于他们那些天性较好的儿童力量够强的措施。所以单从家长情感的表现这一面看, 的确总是多少符合自然反应这个原则的。家庭管理的制度总是逐步走向它的合理的形式。

可是请注意两件重要事实。第一件事实是在我们当前这种转变迅速的情况中, 新旧理论和新旧实践不断在交战, 现行的教育方法很容易和时代多少失调。许多家长们墨守只适合于旧时代的教条，执行一些有害于他自己情感的惩罚，从而给他们的儿童以不自然的反应；另外一些家长热望立刻就能尽善尽美，又跑向另一个极端。第二件事实是在管教方面具有主要价值的并不是体验家长的赞许或斥责，而是体验那些在没有家长的意见或干预下他自己行为最终引起的结果。真有教育意义和真正有益健康的后果并不是家长们自封为自然代理人所给予的，而是自然本身所给予的。我们将用几个例子来试图讲清楚这个差别。这些例子既说明我们所指的自然反应与人为反应的区别，也将提供一些实际的建议。

　　每个有幼儿的家庭都经常发生母亲或仆人叫做"弄得一团糟"的情形。孩子或者把一盒子玩具拿出来，丢得满地都是；或者早晨去散步带回一把鲜花，一会儿就桌上椅上全有；或者小姑娘给布娃娃做衣裳，碎布丢了一地。收拾这些凌乱局面的麻烦却多半归不该负这个责任的人承担。在育儿室就是保姆本人，一面念叨着"这些麻烦的小家伙"，一面去收拾；在楼下通常是一位哥哥姊姊或是女仆去做；而犯过的人只是受责骂而已。但是在这个最简单的例子中，也还有些家长有足够的聪明，能够相当一贯地照着正常的途径做，那就是叫孩子本人去收拾玩具和碎布头。把东西放整齐的劳动，本来就是把东西乱扔乱放的真正后果。商人在店里，主妇在家中，每天都有做这件事的经验。如果教育是为生活做准备，那么每个孩子也应当从头就有做这件事的日常经验。如果这个自然惩罚得不到效果（以往的道德管教做得不好的时候或许会是这样），正确的办法就是使孩子受到他的反抗所引起的外来反应。既然他拒绝或是忘了把他丢散的东西收拾好，而使别人去做这件麻烦事，就应该使他下次得不到给别人造成麻烦的东西。到了下回他要玩具盒的时候，妈妈就应该说："上一回你把玩具丢在地上就走了，珍妮只好把它们捡起来。珍妮没有那么多工夫每天给你捡东西，我自己也不能做这件事。所以，你既不愿意在用完了玩具以后自己收拾起来，我就不能给你。"这个显然是个自然后果，没有扩大也没有减少，儿童自己也必须承认。惩罚的到来也正在感受最深刻的时候。一个新起的愿望在它预计要满足时受到了阻碍，照这样产生的一个强烈印象不可能不对日后行为发生影响；如果一贯地重复，这影响就会在最大程度上治好这个毛病。此外，用这方法可以使孩子很早就受到一个他应该尽早受到的教训，那就是在我们的社会中快乐应该只通过劳动得来。

再举一个例子。不久前我们常听到一个每天散步几乎老叫别人等她的小姑娘受责骂。康斯坦斯(Constance)生性好强，做什么都容易全神贯注，总是等到别人都准备好了，她才想起要穿衣戴帽。女教师和其他儿童差不多老是要等她，妈妈也差不多老是照样骂她。尽管这个办法已经彻底失败，妈妈从未想到要让康斯坦斯经历那个自然的惩罚。给她提起她还不愿试办。在社会上，不及时做好准备就要丧失一些原来可以获到的好处：火车开了，轮船离了码头，市场的好东西卖掉了，或者音乐厅的好座位都已售完。在这些不断发生的例子中，每个人都可以看出由于自己会要吃亏才使人不误时刻。这里的结论还不明显吗？是不是应该使儿童眼见他要吃亏来控制他的行为？如果康斯坦斯到时没准备好，自然的结果就是让她留在家里，散步不成。当别人到田野游玩的时候让她在家里待上一两次，使她感受到她之所以不能得到这个很想望的满足，只是由于她不守时刻，那毛病很可能就会得到纠正。至少这个措施会比那个只引起麻木不仁的长辈责骂较为有效。

再说，如果儿童由于特别粗心大意把给他们的东西弄坏了或丢掉了，自然的惩罚——那个使成人多加小心的惩罚，就是由此使他们感到不方便。没有那个掉了的或弄坏了的物件去使用和补充那件东西的费用，都是在这方面教训成人的经验。儿童的经验也应该尽量同这个接近。我们并不是指那个早年把玩具扯破来发现它的物质特性的时期，那时候他不可能理解粗心大意的结果；指的是较晚的、能够明白财物意义和价值的时候。当一个年龄稍大可以自己有把小刀的男孩在使用时用蛮力把刀刃弄断，或是在削木棍时把它掉在田野的草中，一个不假思索的家长或纵容儿童的亲属一般是马上再给他买一把，而不知道这样做就使他失去了一个有价值的教训。这时，做父母的很可以说明小刀要花钱买，得钱要靠劳动，做父亲的没那么多钱去给弄坏弄掉刀子的人买新的，如果他还是这样不小心，就不能替他补偿这个损失；同时还可以教训他防止浪费。我们引用这几个熟悉的例子，是因为它们简单明了地说明我们的意思。从这些事例每个人都可以清楚地分辨我们认为真正有效的那些自然惩罚和一般用来代替它们的人为惩罚。在未谈到这些已用例证说明的原则的一些较高较微妙的应用之前，让我们看看它比许多家庭中流行的原则或经验中实行的做法有多少和多大的优越性。

一个优点是照这样做就能够产生正确的因果概念，而经过多次的、一贯的经验，这些概念最后会达到准确和完整。理解了行动的好坏后果，就比只根据权威相信会有这些后果时更能够保证生活中的正当行为。一个孩子看出了缺乏条理引起整理物件的麻烦，拖沓使他得不到满足，粗心大意使他没有心爱的东西用，他就不只深刻地感受那后果，还得到因果的知识，而两者都是和成人生活带来的完全一样。在这种情况下挨了骂或受到了某些人为的惩罚的孩子，体验到的不只是他们时常不甚关心的后果，还失掉了本来可得到的、关于好坏行为根本性质的教育。明眼人早已注意到，一般的人为赏罚制度的罪恶就在于用一些差遣或体罚来代替不当行为的自然结果，从而产生一个极端错误的道德标准。既然从婴儿到少年期一直把家长教师的不高兴看成是那些被禁止的行动的主要结果，青年人就把这些行动和这些不高兴形成一个固定的因果联想。到了没有家长教师来管教而不用怕他们不高兴的时候，那些被禁止的行为大部分就解除了约束；而那真正的约束，那些自然反应，还需要从惨痛经验中去从头学习。一个亲身体验了这种缺乏远见的做法的人这样写道：从学校里出来的青年人，尤其那些父母忽视施加影响的人，往往行为十分放纵。他们不知道什么行动规则，不明白道德行为的理由，没有任何基础作依据，在未经社会严加管教之前都是社会当中极端危险的成员。

这种自然管教的另一个大好处就在于它是完全公正的，而每个儿童都会承认这点。任何人在只受到他自己不正当行为在自然安排中的不好结果时，就不大会像在受到人为地加在他身上的坏事时那么觉得受委屈。成人如此，儿童也如此。拿一个惯于不爱护衣服的男孩为例。他在荆棘丛中任意乱钻，或走路时完全不管有无泥泞，把衣服弄破弄脏了。如果挨了打或被罚去睡觉，他很可能认为是受了欺侮，多半会因为受罚而伤心，但不会追悔他的过失。假定叫他尽量弥补他所造成的损失，把满身的泥水弄干净，或把扯破的衣服勉强补好，他会不会觉得这些苦处都是由他自己讨来的？会不会在受罚时一直意识到罚他做的事和它的原因之间的关系？会不会尽管不舒服，也多少明白地认识到这个安排还是公正的？如果几次这种教训还不引起改进；如果衣裳还是很快就坏了；如果做父亲的继续照这个办法来管教，不提前花钱做新衣；又如果在这个时期，这孩子因为衣裳不整齐，不能和家里人一同去作假日旅行或参加庆典，那么他在深刻地感受这个处罚的同时，显然不可能不找到其中的因果线索，而看出根源是由于自己的粗心大意。见到了这一点，他就完全不会像在受到与过失没有明显关系的处罚时那样觉得冤枉。

再则，照这个办法做，家长和儿童都不会像平常那样容易发脾气。家长们如果不让儿童经历错误行为自然产生的痛苦结果，而自己另行给予某些其他痛苦结果，就对双方都不好。他们实际是在制定许多家庭法律，而把这些法律的执行和他们的权威尊严看成一件事；孩子们每犯一件过失都看成是冒犯了他们，都要使他们发怒。此外，他们还额外增加自己的劳动和费用，把应该落在犯过人身上的不良后果揽到自己身上，结果又更增加苦恼。在儿童方面也是一样。事物的必然反应所给他们的惩罚，一个非人力量给予的惩罚，只是暂时使他略微感到不舒服；而家长有意给予的惩罚，日后想起来是由于他或她的，就在比较长的时间里使他感到较大的不痛快。只需想一想如果这个从一般人经验中得来的办法从小就开始执行，那结果会多么惨重。假定有可能让家长把儿童由于无知或笨拙所引起的躯体痛苦都揽到自己身上，而在家长承受了这些不良后果时，为了使儿童明白那行为是不当的, 给他们某些其他的不良后果, 假定有个孩子, 父母叫他别碰开水壶, 他却把开水壶弄翻, 母亲跑过去代他受烫, 但是给他一顿打; 其他一切情况也都照这样来办, 那么日常的小事故会不会比现在要引起多得多的愤怒? 会不会双方都长期地在发脾气? 可是等儿童稍微长大一些, 一般人所执行的就完全是这样的做法。比方儿子不小心或故意弄坏了妹妹的玩具, 父亲总是打他一顿, 然后自己去买一个新玩具; 他所做的基本上就是按照这个办法; 给犯过失的人以人为的惩罚, 而把自然的惩罚揽在自己身上; 从而使他的情绪和犯过人的情绪同时都不必要地受了扰动。如果他只是简单地要求赔偿, 他就会少引起许多内心的焦急。如果他告诉儿子必须由他(儿子)付款买一个新玩具, 而他的零花钱必须照扣, 则两方面都会少发脾气; 而那孩子在以后感受到的损失中会体验到那个公平而有益的后果。总之, 从自然反应来管教的办法可以使人少发脾气, 一则因为可以明显地看出那反应除了公平合理以外没有加上什么东西, 也因为它大部分是用自然的非人为的方式代替了家长的个人的方式。从此还可以得出一个明显的推论, 在这个办法下, 亲子关系因比较亲切就会更有力量。不论父母或子女, 为了任何原因对任何人发怒都是有害的。可是父母对子女和子女对父母发怒尤其有害, 因为它损伤了同情, 而同情的联系是良好管教所必需的。根据联想的规律, 年轻和年老的人都对于经验中经常和不愉快感情联在一起的东西产生厌恶。原来有好感的也会按照所受痛苦印象的深浅减少好感或变成恶感。家长在打骂儿童时所发泄的怒气, 如果经常重复, 势必使亲子之间产生隔阂, 而儿童的怨恨或孤僻也不免使家长对他们的喜爱减少, 甚至最后完全没有了。因为如此, 许多家长(尤其一般被指定去执行处罚的父亲)如果不被儿童讨厌也常受到冷淡, 同时照样有许多儿女被父母认为是冤家。既然见到, 而大家都应该见到, 这种疏远是有益的德育的致命伤, 那么家长就无论怎样关心去避免和儿女直接对立也不能说是过分。因此, 他们无论怎样积极地去采用自然后果来进行管教也不能说是过分, 因为那样做他们就不必处罚, 也就不至于相互激怒和日益疏远。

从以上所说我们可以看出，用经历正常反应来进行德育的方法，一个上天为婴儿和成人同样注定的方法，在介乎其间的少年青年时期也照样能够应用。它的优点，我们看到：第一，儿童由于个人体验了好坏后果，就得到了正确和错误行为的理性知识；第二，儿童因为只受到了自己错误行动的痛苦效果，必然多少明白地认识到惩罚的公正；第三，既认识到惩罚的公正，同时又是从事物的规律中而不是从某一个人手中受到惩罚，儿童的情绪波动就可较少些，家长因为只在尽一个比较消极的责任，只是让自然惩罚发生影响，也能够比较保持平静；第四，因为照这样，防止了彼此的激怒，亲子之间会有一个较愉快的和较有力量的关系。

有人要问："对更严重的错误行为怎么办？发生了偷窃时这计划怎样执行？说谎话时怎样办？欺侮弟弟或妹妹时怎样办？"

在回答这些问题以前，让我们考虑几件事例和这些问题的联系。

我们有一个朋友住在姊夫家里，承担了教育外甥和外甥女的工作。他照着上述方法的精神进行教育，可能是因为他对他们自然有了同情，而不是因为思考出了什么结论。两个孩子在家里是他的学生，到外边是他的伙伴。他们每天参加他的散步和植物采集，热心地替他寻找花草，瞧着他去检查辨认。通过这些以及其他方式，他们在和他一起时就不断取得乐趣和获得教育。总之，从道德方面看，他比他们的父母更多地担负家长的职责。在介绍这种方法的结果时，他举了一个例子。一天夜里，他要一件放在家里别处的东西，叫外甥去取。那孩子当时正玩得高兴，就没有像平常一样做，记不清是没去，还是显得很为难。做舅父的既不赞成用强制的办法，就自己去取了来，只是在行动中间表示他不满意这个不好的行为。再晚一会儿，那男孩一再提起做他们常玩的游戏，一再遭到了严肃的拒绝。舅父只表现了自然产生的冷淡，从而使那男孩感受到他的行为的必然后果。第二天起床时，我们这朋友听到门外有声音，小外甥送了热水进来。他满屋四望，看有什么事可做，然后叫道:"啊! 你要鞋子",马上跑下楼去拿鞋子。从这些以及其他方面,他表示了对他的错误行为的后悔。他是在努力做一些额外的服务来补偿他所拒绝的那一件。他的较高级的情感战胜了较低的,而在胜利中取得了力量。他既已体会到缺乏友谊时是什么滋味,就比以往更加珍视这种重新取得的友谊。

这位朋友现在已经做了父亲,还是照这个办法办,而认为它能够解决一切问题。他使自己完全成为孩子们的朋友。他们都渴望夜晚的到来,因为他会在家;特别喜欢星期天,因为他整天和他们在一块儿。既得到了他们的全部信任和敬爱,他只要表示赞许或批评就有巨大的管教力量。如果他回家时听到有个男孩顽皮,他就对那孩子表示知道了这坏行为自然引起的冷淡,他发现这个就是一个最有效的惩罚。仅仅不照平常一样去爱抚那个孩子就使他十分痛苦,哭起来比挨一顿打还厉害。据他说,他不在家时,孩子们还一直害怕这个单纯道德的惩罚,以致一天中间他们常去问妈妈他们行为怎样,会不会说他们好。最近,那个大孩子,一个五岁的活泼小家伙,当妈妈不在家时发作了健康儿童常有的蛮性,干了些越轨的事,剪掉了弟弟一些头发,从父亲的化妆用品盒取了剃刀把自己也割伤了。父亲回家知道了这些事,当晚和第二天早晨就不和那孩子说话。除了当时的痛苦不说,几天以后妈妈要出去,那孩子硬要她别去。一问,才知道是怕她不在家他又会犯过失。

在答复"对于较严重的过失怎么办"一问题之前,我们介绍了这些事实,为的是首先说明父母和子女之间可以建立而且应当建立的关系;因为处理较严重的过失,就要靠有这种关系才能成功。现在必须指出另一个前提,那就是采取我们这里主张的办法结果就会建立这种关系。我们已经说过只须让儿童体验他自己错误行动的痛苦反应,家长就避免了对立而不致被看成敌人。可是如果这办法是从头一贯执行会产生积极的友情这一点,这需要说明。

目前父亲母亲多半被子女看成既是朋友又是敌人。儿童既然一定是根据他们所受的待遇来形成对一个人的印象,这个待遇既然又摇摆于贿赂和禁阻之间,爱抚和责骂之间，慈爱和处罚之间，他们当然对于家长的性格形成一些矛盾的看法。做母亲的一般总认为只要她对孩子说她是他的最好的朋友就够了；由于她假定他应该相信，就得出结论说他一定会相信。"这都是为了你好"，"我比你自己懂得你应该怎样办"，"你还小现在不懂得，长大了会感谢我的"，日常说来说去都是这些以及类似的肯定命题。孩子却同时日常受到真正的处罚，时刻被禁止做他所想做的这件、那件和其他的事。在他听到的话中总说目的是为了他的幸福，可是在同一时期的行动中他却总在多少受苦。他既不够条件去理解他母亲心目中的将来，或者现在这种待遇怎样有助于达到那将来的幸福，就只能从他感受到的结果来判断；他见到这些结果中毫无乐趣，就不免对她所宣称的友情有所怀疑。对此，希望有另外一种结局难道不是妄想吗？儿童不应该从他所得到的证据来推断吗？难道这些证据不足以得出他的结论吗？处在相似的情况下做母亲的也会完全照样想。如果在她熟悉的人中，有人老是使她的愿望落空，粗声责骂，还有时给她实际惩罚，她也会不大理睬在产生这些行动的同时那人所表示的对她的福利的一切关怀。那么她为什么假定她儿子会不这么办呢？

可是现在请看，如果一贯执行我们主张的办法，如果母亲不但避免成为给惩罚的工具，还作为一个朋友去警告儿童自然将要给他些什么惩罚；结果会怎样不同。为了说明这方法及早开始的做法，举一个最简单的例子。假定被在儿童中很突出的、本能上也符合归纳法的实验精神所促使，一个男孩子在蜡烛上点着纸片看它烧着玩。不假思索的一般母亲，不是由于不让他"顽皮"，就是由于怕烧着他，都会命令他别那样干；而在孩子不听话时会把纸片抢走。但是如果他运气够好，有个略具理智的母亲，知道那观看纸张燃烧的兴趣是由于有益的好奇心，又有脑子考虑去干涉的结果，她就会这样推论："如果我禁止他这样干，我会使他得不到一定的知识。当然我可以使孩子不受烧伤，可是那又怎样？他迟早会要挨烧的；而且为了他生活的安全，他很有必要从经验中明白火焰的性质。如果我禁止他冒现在这个危险，他日后在没人从旁阻止他的时候，一定会冒同样的或更大的危险；现在有我在旁边，他要是发生任何事故，我能够使他不受任何大伤害。再则，要是我不让他干，我就在阻止他追求一件本身无害的事情，甚至还是一件能够得到教育和满足的事情，而他会对我多少有恶感。他既不知道我将使他免掉什么痛苦，而只感觉到一个欲望未能得到满足的痛苦，就不能不把我看成那痛苦的原因。为了使他免掉一个他不能想像因此对他并不存在的伤害，我却在他感受够敏锐的方面伤害了他，而成为从他看来一个作恶的人。所以我最好的办法是只警告他有危险，防止他受任何严重伤害。"根据这个结论，她就对孩子说："你那样干只怕要受伤的。"那孩子多半会坚持要干，假定他因此烧了手，结果是什么？首先他得了一个终究必须得到的经验，而为了他的安全，这个经验早些得到还更好。其次，他看出了他母亲的反对或警告是为了他的好处，进一步从正面体验到她的善意，就更有理由去相信她的判断和慈爱，更有理由去爱戴她。

　　当然，在一些偶发的有损伤肢体或其他重伤危险的情况下，是需要强力制止的。但是除极端情况外，所采取的办法应该不是保护儿童不受日常危险，而是劝告他、警告他不要去冒险。照这样做会使亲子间的好感比现有的大大加强。如果在这里和在别处一样，也让自然反应的管教发生作用，如果让这些儿童继续进行可能使他自己受伤的户外攀登或室内实验，只根据危险的程度给他们相当认真的劝阻，就不可能不越来越使他相信父母的友情和指导。采用这种办法，不只像前面已指出的能够使父母不至于因为给予正面惩罚而引起儿童的厌恶，还可以照这里所说的不至于因经常禁阻儿童而引起他们厌恶，甚至可以把那些通常引起争吵的事件变成一个增强彼此好感的手段。儿童不是从一些似乎和行动矛盾的词句中听到说他们父母是他们最好的朋友，而是从一贯的日常经验中学得了这个真理；学得了这个真理以后所产生的对父母的那种信任和好感，是从任何其他地方得不到的。

既经指出常用这个方法必然会使亲子之间有更多的同情，让我们回到前面提出的问题：在较严重的过失中如何应用这个方法？

首先要注意，在我们所描述的制度下，这些较严重的错误，多半会比在一般制度下较少出现，也不会有那么严重。许多儿童的不良行为本身都是因为父母管理不当使他们长期感觉烦躁所引起的。经常惩罚所引起的孤独和对立，必然使同情心麻木，也就必然给同情心能够制止的那些过失开辟道路。一家中儿童的相互虐待，时常大部分反映他们从大人那里受到的虐待；一部分是直接照样模仿；一部分是由于受了惩罚责骂就脾气乖张想寻事报复。毫无疑问，用我们所介绍的管教办法既然能使儿童有较多的好感、较多的乐趣，就必然会使他们相互之间不致犯多么严重或多么经常的罪过。由于同样原因，一些更厉害的过失，例如说谎或偷盗，也会减少。这种过失许多时候起源于家庭的不和睦。人性有一条规律，注意它的人都容易见到，这规律就是：人们得不着较高的满足就去找较低的满足，没有同情中的乐趣就去求自私的乐趣。因此，反过来，保持了亲子间比较愉快的关系，就有助于减少那些从自私出发的过失。

尽管如此，就在最好的制度下，这种过失还会偶尔发生；可是当这种过失发生的时候，照样可以采取以后管教的办法，而如果有了前述的那种互信互爱的团结，这种管教是会有效的。就说偷盗吧，它的自然后果是什么？有直接的和间接的两种。直接的后果，单纯从公道上要求，就是赔偿。一个公正的执法者（每个家长都应该以这个为目标）会要求尽可能用正确的行动来抵消错误的行动；而在偷盗情况中这就意味着或者归还所偷的原物，或者还不出来，就照样赔一个；儿童赔偿就要从他的零花钱中开支。间接的和较严重的后果是家长的大不高兴，那个后果在一切具有相当文明能把偷盗看成犯罪的人中是不可避免的。有人会说："可是家长们在这种情况下一般都动口或动手来表示他们的不高兴。这方法在这里并无甚新鲜。"很对。我们已经承认在某些方面有不少人是在自发地采用这方法。我们也已经说明教育制度是趋向于朝着正确的制度发展。而在这里，我们可以照从前一样说，自然反应的强度在事物的良好安排下会按照要求有所调节；家长的不高兴，在比较野蛮的时代，儿童也比较野蛮时，会通过粗暴的方式来发泄；而在较先进的社会，儿童也自然容易受较和缓处理的影响时，表现会不那么厉害。但这里我们应该注意的主要是在一个这种严重过失的情况下，家长所表现的大不高兴会按照亲子间温暖亲爱的程度不同而在取得良好效果中发挥不同的力量。在其他情况下越是一贯执行自然反应的管教，它在这里也越能收效。只要去找，每个人的经验中都有例证。

每个人不是都知道在他得罪了别人的时候，他追悔的深度（当然把一切现实计较除开）是随着他对那人有多少同情而不同吗？他不是意识到他所得罪的要是一个敌人，给敌人烦恼很可能并不使他难过反而因此使他暗中痛快吗？他不是记得如果一个陌生人触犯了他，他并不像有个亲密的人同样地触犯他那么耿耿于怀吗？而反过来，他不是把使一个敬爱的朋友的发怒看成一件大不幸而长期深刻地后悔吗？好了，家长的不高兴对儿童的影响也同样地必然要根据原来关系怎样而有所不同。要是已经有了隔阂，犯过失的儿童就只会害怕他个人要受到体罚或损失某些利益；而在给了这些惩罚以后，所引起的对立和厌恶等等有害的情绪又加深隔阂。反过来，要是由于家长一贯的友情，儿童已经有了对父母的热爱，家长的不高兴所引起的思想情况就不但在日后防止过失行为上是一个健康力量，它本身就是健康的。儿童在暂时失去了一个这么可爱的朋友时所感受的道德痛苦就代替了一般所给予的身体痛苦；而且证明，如果不是产生更好的效果，也会产生同等效果。那种做法使他害怕和想报复，这个做法使他对家长的忧愁抱同情，真正后悔不该使这事发生，希望通过某些补偿去重新建立友好关系。不是那些占了上风就引起犯罪的、只考虑自己的情感在发生作用，而是阻止犯罪的、多考虑别人的情感在发生作用。因此，自然后果的管教在严重的和轻微的过失中都能应用；而照这样办不只会制止这些过失,而且会把它根除。

总之,野蛮产生野蛮,仁爱产生仁爱,这就是真理。对待儿童如果没有同情,他们也就变得没有同情;而以应有的友情对待他们,就是一个培养他们友情的手段。家庭的管理同政权的管理一样,粗暴的专制所要镇压的罪行大部分是由它本身引起的;反之,和善的、开明的统治既免除了引起分裂的许多原因,也使情调缓和,使犯过的倾向减少。像约翰·洛克(Locke, John)早就说过的:"极严厉的惩罚在教育上的好处很少,不,害处还很大;并且我也相信,在其他情况相同时,受罚最重的孩子,长大了很少有成为最好的人的。"和这个意见相同的,我们可引用彭通维尔(Penton-ville)监狱牧师罗杰斯(Rogers)先生不久前公开的一件事,受过鞭打的青年罪犯是最经常重进监狱的。反过来,和善待遇的好效果可以从我们最近在巴黎时一位法国房东太太告诉我们的一件事说明。她为了一个在家庭和学校都无法管教的小男孩所经常引起的麻烦向我们道歉,她说只怕除了采用在他哥哥身上得到成效的办法——送他进英国学校外没有别的办法挽救。他说明那哥哥在巴黎一些学校中都管不好,在绝望当中他们接受了建议送他到了英国,而回到家来的时候,他竟由一个很坏的孩子变成一个很好的孩子。她把这个了不起的变化完全归功于比较和善的英国管教方法。[1]

[1] 转引自胡毅,王承绪译.斯宾塞教育论著选[M].北京:人民教育出版社,2005.91—107.

七 论体育要领

斯宾塞站在为资产阶级个人谋取幸福生活的立场上，也非常重视儿童的身体保健，认为强健的身体素质是适应现实生活中激烈竞争的重要前提。在这一章中，斯宾塞重点阐述了儿童身体保健的方法。

（一）科学饮食

在当时英国社会的上层阶级中，存在一种不良的而且很普遍的节食现象，这可能是早期洛克"绅士教育"思想带来的深远影响，洛克在儿童饮食上主张少吃，当然，斯宾塞没有对这种盛行的节食现实追根溯源。中国儒家大师孔子曾说"过犹不及"，"过"不可取，但"不及"也不合理，把握一个合理的度是最为理想的。斯宾塞对当时过于强调节食的现象进行了批判，主张儿童的饮食要适量，不能吃得过多，更不能吃得过少，儿童的饮食量应该交给儿童自己的食欲来决定，这也是斯宾塞自然教育理念的体现。斯宾塞认为，科学饮食还包括营养丰富、饮食多样化等。

大家全知道吃得过多和吃得过少都不好。可是把两个比起来后者更坏。一个很有权威的人曾经说："偶然吃得过饱的影响并没有营养不足的影响那么糟，而且比较容易改正。"

此外，如果孩子们没有受过不适当的干涉，一般是很少会发生过饱的情况的。"饮食过量似乎是成人的而不是青年的毛病，养育他们的人要是没有错误，青年人很少会贪吃或爱挑选食物。"那种限制儿童饮食的做法，许多家长认为是必需的，实际上既没有充分的观察作根据，推理上也是错误的。像国家的立法是太多了一样，育儿室的立法也是太多了；这些立法的最有害的一条就是限制食物的分量。

"难道说要让孩子们尽量吃？难道要使他们饱吃好东西，胀出病来（他们一定会那样做的）？"照这样提法，这问题只能有一个答案。可是照这样提法也就对所争论的问题预先有了一个假定。我们的主张是：食欲既然对于一切较低等动物是个良好的引导，既然对于婴儿是个良好引导，既然对于病人是个良好引导，既然对于散处各地各种族的人是个良好引导，既然对于每个生活健康的成人是个良好引导，那么就可以推论对于儿童也是个良好引导。如果单单在这里就靠不住，那才真是奇怪。

有人或许不耐烦读这个答复，觉得可以列举一些与它完全相反的事实。如果我们不承认那些事实有关系，似乎就过不去。可是我们这个似乎和现象矛盾的论点是很有道理的。事情的真相是，这些人心中想到的饮食过量的例子，虽然一般看起来似乎在说明应该节制饮食，实际上正是那种办法的后果。它们都是禁欲制度所引起的纵欲的反应。它们在小范围里说明一个公认的真理，早年受了最严峻管教的人，日后的生活很容易流于极端放荡。它们可以同一度在尼庵中不少见的可怕现象相比：一些尼姑从极端的严肃突然落到几乎是妖魔般的腐化。那不过是表现长期未满足的欲望有不可控制的猛力。考虑一下普通的嗜好和儿童所受的普通待遇。孩子们几乎普遍地都特别好吃糖果。一百人中多半有九十九人都会认为那不过是好吃，而应该同其他感性欲望一样加以劝阻。可是生理学家，由于他的发现使他越来越尊重事物的安排，就考虑到好吃糖果是否在一般假定的原因外还有别的道理；而一去研究就证明这种怀疑有理由。他看出糖在生命过程中有重要作用。糖精和脂肪物质最后都要在身体中氧化，而同时产生热能。不少其他的化合物必须还原成糖的形式才能成为产生热能的食物，糖的这种形成过程是在身体内进行的。不只淀粉是在消化过程中变成糖,而且克劳德·伯纳先生曾经证明肝脏是把其他食物成分变成糖的工厂。糖对于人是这样必需,所以在缺乏其他来源时甚至可以从含氮的物质中转变出来。当我们把儿童特别想望这个有价值的热能食物这件事,联系到他们通常特别不喜欢那个在氧化时发出最大热能的食物(就是脂肪),我们就有理由想到这是以有余补不足;有机体要求较多的糖是因为它对付不了多量的脂肪。再则,儿童喜欢植物酸,喜欢各种水果,没有更好的就大嚼半生的醋栗果和最酸的野苹果。植物酸不只和矿物酸一样都是好补品,不过量就有这方面的好处;而且在自然形式下服用还有其他利益。安德鲁·科姆博士说:"大陆上的人们比我们多让儿童随便吃成熟了的水果;那是很有用处的,尤其在肠胃不好的时候。"这样我们就可以看出,通常对待儿童的办法是同他们本能的要求不协调的。他们有两个突出的欲望,很可能都表示身体上的某种需要,可是我们不只在育儿室的安排中不加注意,而且还有个普遍倾向去使他们不得满足。总是早晨给他们牛奶面包,晚上给面包黄油一杯茶,或是同样无聊的饮食,多少照顾一下口味都认为是不必要的甚至是错误的。后果怎么样?到了节日有了充分供应的好东西,或有人给了零花钱使糖果店的货物能买到手,或碰巧能到果园去乱跑的时候,那个久未满足从而强烈的欲望就使得他们过量地吃。那时的即兴狂欢,部分地由于从过去的约束中得到解放,也部分地由于心目中意识到明天就要开始大斋期。到了饮食过量得到恶果时,有人却申辩说决不能让儿童受他们的食欲的引导!人为限制本身所引起的惨痛结果却用来证明继续限制的必要性!因此我们认为用这种推理来为进行干涉的办法申辩是不对的。我们认为,如果每天让儿童吃些他们生理上有需要的、较有味道的食物,他们就很少会像现在这样一有机会就吃过量。如果像科姆博士建议的把水果"作为正式食品的一部分"(照他说的不在两餐之间吃而在进餐时吃),就不会有那种渴望去使他们大吃野苹果和黑刺李。其他情况也是一样。

不仅在道理上很有理由相信儿童的食欲，而且毫无理由不相信它；同时实际上也没有其他值得相信的引导。目前代行调节职务的是家长的判断，那判断究竟有什么价值？当"奥利弗(Oliver)还要吃"的时候，妈妈或女教师说"不行"，她凭什么这样说？我想他吃够了'。她根据什么这样想？她和那孩子的胃脏有什么默契吗？她有超人视力能发觉他身体的需要吗？如果没有，她凭什么做这个决定？她难道不知道躯体对食物的要求是由许多复杂原因决定；随着天气冷热，空气中湿度和气压情况有所不同；也随着所进行的锻炼，上一顿食物的种类和分量以及消化的快慢而有所不同？他怎么能计算出这些原因综合的结果？有个五岁男孩，比同年龄的许多孩子高出一头，健壮匀称，红润，活泼。我们听他的父亲说："我找不出什么人为的标准来作给他食物的依据。如果我说'这么多就够了'，那不过是个猜测；猜错的机会和猜对的机会相等。既然不相信猜测，我就让他吃够。"而任何一个从效果来衡量他的做法的人必然会承认他是做对了。老实说，许多家长为儿童规定食量这样有把握，恰巧证明他们不懂生理学；懂得多点就会较为虚心。"科学的自负比起无知的自负来还只能算是谦虚。"如果任何人想懂得我们应该怎样少相信人的判断而多相信事物的预定安排，让他比较一下无经验医生的鲁莽和最老练的医生的谨慎，或让他看看福伯斯爵士的著作《治病的性质和艺术》，他就会明白当人们对生命规律知道得越多，就会越少相信自己而多相信自然。

从食物的数量问题转到质量问题，我们也可以照样看出禁欲的倾向。人们都认为儿童的饮食不只分量应该受限制，营养还应该比较低。一般都认为他们只应该有少量肉食。在不那么富裕的阶级中，这看法似乎是从节约出发，有了这种愿望就产生了这看法。买不起许多肉类的父母对孩子们要吃肉的答复是"吃肉对孩子们没有好处"；这个原来可能只是一个方便的推托，久而久之就发展成为信条。在经济开支不成问题的阶级中，一部分是为多数人的做法所动摇，一部分是受了从较低阶级中来的保姆的影响，也多少是由于对过去肉食过多有反感，因而也有同样的看法。

可是追问一下这个意见的根据，不是很少，就是没有。它是一个并无证据就使大家重复地说并接受了的教条，就像几千年来认为必须把婴儿层层包裹的教条一样。很可能对肌肉能力还不强的婴孩胃脏，需要相当的研磨才能成糜浆的肉类不是合适的食物。但这个理由在去了纤维部分的肉食上不成立，在两三岁后儿童已经有了一定肌肉力量时也不成立。支持这个教条的证据只是在很小的孩子方面有部分正确性，在年龄较大、一般仍然是照这教条来管理的孩子方面并不成立；反对这教条的证据却是大量的而带结论性的。科学的判断同一般的意见完全相反。我们问过两个第一流的医生和几个出色的生理学家，他们一致同意这个结论：儿童饮食的营养应该不低于成人，要有区别的话，应当高于成人。

这结论的根据是明显的，道理是简单的。只需比较一下成年男人和男孩子的生命过程，就能够看出儿童比成人要求更多的滋养。人要食物，目的为了什么？他的身体每天多少有些消耗：由于肌肉用力的消耗，由于心智活动而产生的神经系统的消耗，内脏执行生活功能的消耗；由此而破坏了的组织都要重新补充。每天他身体还从辐射散失大量热能；为了继续生命的活动必须保持体温，就要经常产生热能来补充这个损失；因为这样，身体的某些组成部分经常是在氧化。补充一天中的消耗，为一天要用的热能供给燃料，就是成年人需要食物的唯一目的。现在看看男孩子的情况。他也从动作中消耗他身体的物质；只要注意他那不停的活动就会看到按体积比例他的消耗多半同大人一般多。他也从辐射散失热能，由于他身体露在外面的面积按比例算比成人的大，散热较快，他所需要的产生热能的食物就按体积算要比成人的多。所以尽管儿童只需进行和成人同样的生命过程，按个子大小比例算，他已经比成人需要较多的滋养。可是除了补充身体消耗和维持体温外，孩子还要增加新的组织，要长大。在补足了消耗和热能的损失以后，余下来的滋养就用在继续长他的躯体；有了这个多余的滋养他才能正常生长。在缺乏这个条件的时候，发育有时也照常进行，但是由于补偿不足身体就显然虚弱。当然，由于一个在这里不能说明的力学规律，较小的机体在"维持"和"损害"双方的力量对比上，比较大的机体要占便宜，而正是由于有这个便宜它才能生长。但是承认了这一点，只能使我们更明白，虽然一个人可以经历不少伤身的机会而不致使这个富余的生命力消失得十分厉害，可是任何伤身的机会由于削弱了这个生命力必然会使个子长不了那么大或身体构造达不到那么完美。正在发育的机体是怎样迫切要求食物的补充，可以从"学龄儿童的饥饿"总是比别人强烈，以及食欲总比别人恢复较快两件事上看出。如果还要更多的证据来说明这种额外滋养的需要，我们可以举出这个事实，在行船遭难或其他灾难后的饥荒中，先死亡的总是儿童。

既然不能不承认儿童需要较多的滋养，余下的问题就是，在满足这个需要时我们是用过量的所谓稀淡食物呢，还是用适量的浓缩食物？从一个指定重量的肉类中能得到的滋养只能从较大重量的面包中取得，或从更大重量的马铃薯中取得，其他都可以此类推。为了满足要求，在营养价值减少的时候就必需增加分量。那么，我们对于正在成长中儿童的额外要求，是给他们适当数量的和成人一样好的食物呢？还是不考虑就是这种好食物他的肠胃已经需要比较大的分量这一事实，去给他更大量的较次的食物来更增加他的负担呢？

答案相当明显。在消化上节约的劳动越多，就越有力量留下来去生长去活动。没有大量血液和神经力量的供应，肠胃的功能是不能进行的；成人在饱餐后觉得比较懒散，就证明这些血液和神经力量是在使整个系统吃亏的情况下供应的。如果应有的滋养是从大量的缺乏营养的食品中得来，就比从适量的富有营养的食品得来要使内脏多做工作。这个例外的工作就是那么多的损失，在儿童中这个损失就表现在精力降低或发育较少，或两方面都吃亏。由此推论的结果是，儿童的饮食应该尽可能既富有营养又易于消化。

当然，事实上确实有些男女儿童可以全吃素食或几乎全吃素食长大。在上层阶级中,有的儿童肉吃得比较少,可是照样长大,健康也似乎不错。劳动人民的儿女几乎吃不到肉食,可也健康地长大了。但这些似乎是反证的事例并没有一般想象中的那种力量。首先,早年吃面包马铃薯长得好的人不一定最后都发育健全;把英国的农业劳动者和绅士或把法国的中层和下层阶级作以比较,素食者并不占上风。其次,问题不光是个子大小问题,也还有质量好坏问题。松弛的肌肉在外表上同结实的一样好,但是就是不仔细的人也会注意到,一个肌肉肥软的孩子和一个肌肉结实的孩子乍看来似乎相等,比一下力气就证明有差别。成人的肥胖常常表示虚弱。锻炼总使人们减轻体重。因此吃较次食品的儿童的外表并不能据为定论。再次,在个子大小以外我们还要考虑精力。在吃肉阶级的儿童和吃面包马铃薯阶级的儿童之间,这方面有个鲜明对比。在心智的和身体的活力上,农夫的儿子比绅士的儿子要差得多。

如果我们比较各类动物,或不同种族的人,或同一动物同一人在吃不同东西时的情况,我们可得到更清楚的证据来说明精力的大小主要以食物中的营养为转移。

牛是以像草那样缺乏营养的食物为生。它必需大量的草,因此要求一个巨大的消化系统;它的四肢和躯干比起来就显得较小,却负担了那个重量;转运这个沉重的躯体和消化这个超量的食物要花费很多的力量;由于余下的力量不多,所以这个动物呆笨。拿马和牛比,马的结构和牛相近,可是习惯于较浓缩的饮食。马的躯干尤其腹部,同四肢对比起来就较小,它的力量没有被负担那么大的内脏或消化那么多的食物所消耗,结果是动作较有力量也较活跃。如果我们再比较一下吃草料的羊的呆板懒动和吃肉食谷类的狗的活泼,就看出性质相同、但是程度更大的差别。到动物园中一游,注意到吃肉的动物在笼中不停地来回走,再回忆一下没有一个吃植物的动物经常表现这种余力,就能看出食物的浓缩和活动量大小之间有多么明显的关系。

这些差别，并不像有些人所说，是直接由于体质的差别，而是直接由于这些动物生就要吃的食物的差别。这一点的证明，就在于这些差别在同类动物中的不同种中也可以观察出来。各种的马就是例子。比一下那种大肚子、不活泼、无精神的拉车的马和一匹腹部窄小、精力充沛的竞赛的或打猎的马，再回想一下它们中间一个比另一个的食物营养差多少。或者看人类的情况。澳洲人、布西门人或其他一些最低级的没开化的人，靠草根野莓为生，间或加些虫蛹和其他粗食，他们都是比较矮小，肚腹胀大，肌肉松弛，发育不好，在斗争中或持久用力中完全无法和欧洲人比。凡是长得健全、结实、活泼的未开化的民族，例如卡费尔人、北美印第安人、巴塔哥尼亚人，都是大量吃肉的。

当我们看到同一个动物能够干多少活是以它的食物中有多少营养为转移这一点，这论点就更有力量。在马的例子中这是已经证明了的。放牧虽使马长膘，但力气要受损失；让它干重活就看得出来。"把马放出去吃草结果是使它的肌肉系统松弛"，"青草可以使牛长肥，好送到司密斯菲集市去卖，对于一匹猎马可只有坏处"。老早以前人们就知道猎马在田野中过了一个夏天，一定要在马房喂几个月才跟得上猎狗，而一直要到第二年春天情况才能变好。现代做法是阿珀利先生坚持的"绝对不给猎马'吃一个夏天的青草'，而除非在特别的和很有利的条件下，绝对不放它出去"。那就是说绝对不给它次等食物；强力和耐力只能从继续采用富有营养的食物中得来。这个办法是完全对的，就像阿珀利先生所证明的，长期给予高级食物，甚至可以使一匹中等的马表现出一匹吃普通食物的第一流好马那样的本领。除了这些证据之外，还可补充一个大家熟悉的事实，要马作加倍的工作，一般的办法是给它吃大豆，那种食物比平常吃的大麦就具有较多的含氮或长肉的东西。

再说，在个别人的身上，这个真理也同样清楚地或更加清楚地得到证实。我们所指的不是为了体力特技受锻炼的人，他们的生活当然完全符合这个主张。我们指的是铁路工程承包商和他们的工人的经验。多年以来的事实证明，主要吃肉类的英国壮工比靠谷类为生的大陆上的挖土工，工作效率要高得多；那差别有这么大，以致包了大陆上铁路工程的英国承包商把挖土工从英国带去还更合算。最近很明显地看出这个优越性是由于饮食的差别而不是由于种族的差别。因为当大陆上的挖土工照着他们的英国对手的方式生活时，他们的效率很快就上升到大致相等的程度。此外，我们还可以谈一个反证，根据六个月素食的经验我可以亲自证明不吃肉使身体心智的力量都降低。

难道这些证据不支持我们关于儿童饮食的主张吗？难道它们不说明尽管假定饮食中有无营养都可以使人们得到同样的身长体重但是组织的质量要差得多吗？难道它们不证明只有给高级饮食才能既维持精力又保证生长吗？难道它们不证实这个从道理上推出的结论：虽然不需要多从事身心活动的孩子可能靠吃谷类东西对付过去；每天不只要形成定量新组织、还要补偿由于大量肌肉动作和艰苦用脑的消耗的孩子，就必须靠营养较多的东西为生吗？难道不能推断，如果不供给较好的食物，显然会要根据身体构造和客观情况，或者使发育吃亏，或者使身体活动吃亏，或者使心智活动吃亏吗？我们相信明理的人都不会怀疑。否则就是在伪装的形式下相信那些搞永恒运动的人的谬见，认为力量可以凭空得来。

在结束食物问题的时候，还要简单地谈另一个要求：多样化。在这方面，年轻人的饮食缺点很多。如果没有像我们的士兵一样被罚"吃二十天的煮牛肉"，我们的孩子们多半都得忍受一种虽不那么极端和那么长久、但同样显然违反健康规律的单调。当然，他们午餐中食物多少是配了几样，每日也有不同。可是一周接一周，一月接一月，一年接一年，早饭总是牛奶面包或总是麦片粥。晚上也老来同样的牛奶面包，或老来黄油面包和茶。

这个做法违反了生理学的指示。经常重复的食物所引起的腻味和久未尝到的东西所引起的满足，并不像人们随便假定的那样没有意义，而是在促进饮食的多样化，使它对身体有益。许多实验证明，任何一种食物，无论怎样好的食物，都很难照适当的比例或恰当的形式供给正常生命过程所需要的一切成分；因此为了使所供给的成分能够得到平衡，最好是经常更换食物。生理学家也知道吃到特别喜好的食品的愉快足以刺激神经，加强心脏活动，使血液运行更为有力，而有助于消化。这些真理都符合现代养生办法中规定轮换食物的定理。

不只定期变更食物很需要；由于同样理由，每餐食品的配合也是很需要的。各个成分配合得当和对神经的刺激较强，在两种情况下都是有利的条件。如果要事实证明，我们可以指出吃一顿法国式的晚餐，肠胃就比较容易消化，因为分量虽大，但材料很多样。很少人敢说同等重量的单独某一种食品，无论烹调得多么好，会那么容易消化。如果谁想知道更多的事实，可以在每一本现代饲养动物的书中找到。动物在每顿吃几样东西时长得最好。戈斯(Goss)和斯塔克(Stark)的实验"提供了决定性的证据，说明为了组成一种最适合于胃的活动的化合物，混合几种东西不只有好处，简直是必需的"。

要是有人反对，可能很多人要反对，说轮换儿童的饮食，每顿还要求混合几样食物，实在太麻烦。我们的答复是，只要对儿童心智发育有利，任何麻烦都不算太大，而为了他们将来的幸福，身体发育好还更为重要。再者，看来是既可悲又奇怪，人们为了设法把猪养肥都很愉快地忍受一些麻烦，而养育儿童却认为麻烦太大。

再说明一下，给那些打算采取这里指出的办法的人事先提出警告。不要骤然进行变革，因为长期吃低级食物使消化系统虚弱，使它不能够马上对付高级食物。营养不良本身就是消化不良的一个原因。连动物都是这样。"如果把去油脂的奶或乳清或其他无甚营养的食物喂小牛犊，它们很容易消化不良。"因此在力气不足时要转变到吃丰富的饮食必须逐渐进行；力量增加了，才能再多加点滋养。同时还要记住，滋养的浓化也可能过火。好好的一餐应该有足够的食物使胃脏吃饱；照这个要求，饮食中如果没有供给适当分量的食物，也是不对的。虽然吃得好的文明种族的人的消化器官, 比起吃得坏的不文明种族的人的来较小, 虽然可能那器官日后还会更小, 可是目前所吃东西的分量还要由目前消化器官的容量决定。但是, 在适当照顾到这两方面后, 我们的结论是儿童食物应该富有营养, 在一顿之中和接着几顿之间要有变化, 而且要丰盛。[1]

(二) 科学着衣

在当时英国社会的上层阶级中, 禁欲主义同样体现在穿着方面, 家长让穿少量的衣服甚至于衣不蔽体, 斯宾塞对此也是极力反对的。他主张, 儿童的衣服不要穿得过暖, 也不要穿得过少, 要保持温暖适度, 要根据儿童自己的感觉需要来定, 他强调: 在每一种情况下有效地保护身体, 使它不致于经常有任何轻微的寒冷的感觉。斯宾塞还认为, 儿童游戏很容易损伤衣服, 所以应该选择结实耐用的布料。

在衣着上和在饮食上一样, 一般倾向是简单得不恰当。这里也有禁欲主义苗头。一个模糊承认却并未形成明确公式的流行理论是不要考虑感觉。一般的信念似乎认为感觉不是来指导我们的, 而是会把我们带上错路的。这是一个严重的错误。我们的身体还是安排得很好的。惯常引起身体毛病的原因并不在于我们听了感觉的话而在于没有听它的话。坏处并不在于饿的时候吃东西而在于不饿的时候吃。罪恶不在于渴的时候喝水, 而在于不渴了还继续喝。引起伤害的不是呼吸了每个健康人喜爱的新鲜空气, 而是由于在肺脏很厌恶的情况下呼吸了污浊空气。引起伤害的不是进行了每个孩子都表现的自然大力推动的积极的运动, 而是由于一贯不理睬自然的推动。自发的、有趣的心智活动并不出毛病, 只有在头痛发热要求暂停时还继续的活动才出毛病。愉快地或一般地使用体力也不伤身体, 只是在困顿不堪

---

[1] 转引自胡毅, 王承绪译.斯宾塞教育论著选[M].北京: 人民教育出版社, 2005.118-128.

时还继续蛮干才会那样。当然，对于长期过着不健康生活的人，感觉并不是一个可靠的指导。那些多年经常关在室内的，脑子动得非常多而身体几乎不动的，只是按钟点吃东西而不问肠胃的人，很可能被他们那些已受损坏的感觉带上错路。但是他们那个不正常的状态本身就是他们不听感觉指导的结果。如果他们从小一直就听从他们身体方面的"良心"的指引，那它就不会麻木而一直会非常敏感。

在指导我们的各种感觉中有冷和热的感觉；给儿童穿衣服时要不仔细考虑到这些感觉就不对。对于"锻炼"的一般看法是个严重错觉。不少儿童是"锻炼"得离开人世了；还活着的也在生长或体质方面一辈子吃亏。科姆博士说："他们那个脆弱的外貌就充分说明这种做法所引起的毛病，而他们经常生病就对于不动脑子的家长们都提出警告。"这个锻炼理论所根据的理由是极端肤浅的。有钱的家长看见农家儿女光着一半身子在野地里玩耍，把这件事实和劳动人民一般都很健康联在一起，就得出了并无根据的结论，说健康是衣不蔽体的结果，并决定要给自己的子女少穿衣服！他完全忘了那些在村里空地上玩耍的小家伙在许多方面具备有利条件，他们的生活几乎是经常游戏，整天呼吸新鲜空气，他们的躯体并不由于脑子负担过重而受到扰乱。与表面情况相反，他们能够保持良好健康，并不是由于衣服不够；而是由于有了上述条件，尽管衣服不够，也满不在乎。我们认为这个才是正确的结论；他们因此被迫散失了动物体热，结果还是免不了受害。

在体质健全能经受得住的时候，衣服单薄的确能使人结实耐寒，可是得到了那个结果生长还是吃亏。在动物和人类中都是如此。苏格兰的薛特兰(Shetland)马比南方的马能经受更大风寒，可是长得矮小。苏格兰高原的牛羊生活在较寒冷的气候中，发育就比英格兰种差。南极北极地带的人的身长都远不及一般人的身长：拉普兰(Lapland)人和爱斯基摩人(Esquimaux)都很矮小；火地岛(TerradelFuego)人能在严寒地带光着身子，达尔文(Dar—win)在描写他们时说他们长得这样矮小可怕，以致"很难相信他们是我们的同类"。

照科学的解释，这种矮小是由于大量散热引起的，在食物和其他一切都相等时这是一个不可避免的结果。在前文中业已指出，为了弥补身体由于辐射不断降温而引起的消耗，就必须有食物中的某些东西经常在氧化。散热越多，氧化所需要的那些物质的数量也按比例地增加。可是消化器官的力量有限。结果是在它们必须为维持体温的需要准备大量材料的时候，就只能为长躯体少准备些材料。燃料的开支过大就要减少其他用途的支付。因此结果必然是身材矮小，或者体格较差，或者是又小又差。

所以穿衣服非常重要。李比喜(Liebig)曾说："从体温的角度说，我们的衣服只不过是等于一定分量的食物。"减少了热的散失，就减少了维持热能所需燃料的数量；肠胃在准备燃料上的工作较少时就可以多准备些其他材料。这个推断从饲养动物的人的经验中可以证明。只是在牺牲脂肪、肌肉或发育的情况下，动物才能够经受寒冷。"如果正在长膘的牛受了低气温的影响，不是长膘进度变缓慢，就一定要多消耗食物。"亚培列先生坚持为了使猎马情况良好，马房必须保暖。养竞赛马匹的人一致主张应当使马避免风寒。

这个在人种学上有了说明、也经农业家和竞技者承认的科学真理，应用到儿童方面就更加有力量。因为他们躯体短小，发育迅速，寒冷对于他们的损害更大。在法国，初生婴儿常在冬天因抱去机关登记而死亡。奎特列先生曾指出在比利时一月份死亡的婴儿比七月份死亡的多一倍。而在俄国婴儿死亡率大得厉害。尽管在将近长成的时候，发育不良的体格也较难经受风寒，例如在艰苦战斗中青年兵士就垮得很快。这道理很显明。我们早已提到过，由于面积和体积的可变关系，儿童比成人要散失较大的相对热量；现在我们必须指出儿童所处的这种情况是极为不利的。雷曼(Lehmann)曾说："如果把儿童或幼小动物排出的碳酸拿来按相等的体重计算，儿童产生的碳酸几乎是成人的两倍。"排出碳酸的分量和所产生的热量是相当准确地成比例的。这样我们可以看出，儿童身体尽管不处在不利情况下，已经要几乎加倍地供给产生热能的那部分材料。

那么请看给孩子们穿得单薄这件事多么愚笨。哪一个父亲，虽然已经长大了，散热也比较慢，除了供给每天的消耗外并无其他生理需要——我们要问，哪一个父亲会认为光着腿、光着手臂、光着脖子出去跑是卫生的？可是他虽然自己不愿意受这种对身体的苛刻待遇，却硬要更难以忍受它的孩子去受！如果他自己没有这样做，也是看到别人这样做而不抗议。让他记住，不必要地把一两滋养花在维持体温上，就在增长体格的滋养中减少那么多的分量；尽管幸免了伤风感冒或其他连带的毛病，还是免不了发育降低或身体结构欠完美。

"所以规则是：不应该在一切情况下照一成不变的办法去穿衣服，所穿衣服的种类和分量应该在每一种情况下能够有效地保护身体，使它不至于经常有任何轻微的寒冷的感觉。"这个科姆博士特别指出重要性的规则，是科学家和医生都同意的。够条件在这方面下断语的人没有不大力谴责把儿童四肢露在外边这个办法的。"害死人的习俗"，在这里比在任何其他地方更应该不加理睬。

看见一些母亲们由于追随不合理的时髦而使她们儿童体格受严重损失，真是伤心。她们自己摹仿法国邻居所高兴提倡的每个花样已经够糟；可是照着法国时装杂志给孩子们穿上些奇装异服，不管够不够，也不管是否合适，才真是荒唐。这种做法就引起相当大的不舒服，时常造成纠纷，发育受了阻碍或精力受了损伤，早年死亡也不少见；而这一切的原因就在于认为必须照着法国的时尚去选材料裁衣服。母亲们不只是为了符合时尚，在给孩子们少穿衣惩罚了和伤害了他们；而且由于一个有联系的动机，她们所规定的也是一种使健康活动不能进行的装束。为了好看，所选的材料和颜色都是经不起无拘无束地游戏时随便使用的；而由于避免损失，就禁止他们无拘无束地游戏。小家伙在地上爬就命令"马上站起来，看把你的干净衣裙弄脏了"。孩子离开小路爬上斜坡，女教师就叫他快回来，你的袜子会弄脏的"。这样，坏处就加多了一倍。为了符合妈妈对漂亮的要求和为了受客人的欣美，儿童必须穿一些少量的单薄的衣服，而为了使这些容易损坏的衣着保持整洁，就限制年轻人很自然的很需要的不安定的活动。在衣服不够时加倍需要的运动，却又因为怕弄脏衣服而取消了。但愿有这种主张的人能看到这种做法的无比残忍！我们毫不迟疑地说，由于削弱了的健康，不足的精力，和日后生活中的没有成就，每年总有几千人的幸福是由于家长这样不顾一切去追求外表而断送了；尽管他们并没有因为早死而成为母性虚荣的莫洛克神的实际牺牲品。我们不愿意提出断然处置，可是事情已经糟到这步田地，看来做父亲的不但应该而须必须加以断然的干涉。

所以我们的结论是：儿童的衣着虽然不应该过多以致暖得难受，但是应该经常足够使他们不至于全身感到寒冷；应该用像粗毛料一样的保温材料代替一般用的单薄的棉麻或混织品；应该很结实，使它能够经得起儿童游戏的用力磨损而不易破烂；颜色应该不致因穿穿晒晒就变色。[1]

（三）多参加游戏

斯宾塞认为，体育活动是能够刺激儿童身体发育的重要因素，因此要让儿童多活动、多游戏，多给他们创造条件。当时英国社会上层阶级也比较重视身体锻炼，但斯宾塞认为，体操、击剑等都是人为的体育模式，相对于游戏来说，后者才更适合儿童的需要。斯宾塞解释说，游戏是儿童自发的身体运动，能使儿童产生愉快的情绪，而人为的体育模式会使儿童感到单调乏味。此外，斯宾塞还特别强调，女孩应该和男孩一样，也加入到游戏活动当中去。

身体运动的重要性多数人晓得一些。或许对于体育的这个要素不需要像对其他的一样说那么多，至少在男孩子这方面是这样。公立和私立学校都有相当合适的

---

[1]　转引自胡毅，王承绪译.斯宾塞教育论著选[M].北京：人民教育出版社，2005.128—132.

运动场,一般规定不少时间作户外游戏,也都承认是必要的。如果在别的方面看不出,在这方面似乎大家都承认顺着男孩的本能的推动是有益的;现在规定在上下午长时间上课之后有几分钟的户外游戏,的确说明学校规则逐渐符合于儿童的身体感觉。所以在这方面用不着多提劝告或建议。

但是我们在承认上述事实的时候,必须加上"在男孩子方面"这句话。不幸的是在女孩子方面事实大不相同。巧得很,每天我们都有机会作比较。我们这里可以看见一所男学校和一所女学校,这两所学校对比起来非常突出。一所学校把个大花园几乎全部作成开阔的、小石子铺的院子,有地方供游戏用,也有竿子、单杠供体操用。在每天早餐前,在快到十一点的时候,在中午,在下午,再就在散学后,男孩子们跑出来玩耍时的叫嚷欢笑,总是惊动四邻。我们所见所闻,都证明他们始终是在专心从事一种促进血液循环、保证每个器官健全活动的愉快活动。"小姐们的学府"的景象却大不相同!在别人指出这所学校之前,我们还真不知道有一所女学校也像男学校一样离我们那么近。那里的花园和男学校的同样大,其中毫无任何年轻人娱乐设备的迹象,只是布置了整齐的草地,散步的小径,像一般郊区住宅一样种了花木。五个月以来,从来没有叫喊或欢笑引起我们对那里的注意。偶尔也看见女孩子们夹着课本在小径中散步或手挽着手走。有一次我们确实见过一个女孩在花园中追赶另一个女孩;但除此以外,从未见过任何用力的动作。

为什么会有这样惊人的差别?难道女孩子的体质是和男孩子的这样迥然不同,以致不需要这些活泼的运动?难道推动男孩子的那种好热闹的游戏的冲动,女孩子全没有?还是在男孩子方面这些冲动应该认为是在刺激一种正当发育所不能缺少的身体活动,而在他们姐妹方面自然就没给这些冲动任何目的,除非是为了惹女教师生气?可是也许我们误会了负责训练温柔女性的人的目的。我们不免要猜测,他们认为培养健壮的体魄不是好事,把粗壮的健康和充沛的活力看成粗鄙;而要长得妖嫩,走路不能过一两英里,吃东西不多又爱挑选,再加上娇娇滴滴,弱不禁风，才算像个大家闺秀。我们不指望任何人会明确承认有这些看法，可是我们揣测女教师的心目中经常有一个很像这样的理想闺秀。如果是这样，我们必须承认现有的做法是非常适合于实现这个理想的。但是把这个当成异性的理想是个莫大的错误。男人通常不被男性化的女人所吸引，当然是无可怀疑的事实。我们完全承认，比较柔弱而需较强力量的保护是吸引力的一个因素。可是使男人产生这些情感反应的差别是个自然的、早已存在的差别，并不需要人为做作都会表现出来。到了用人为做作把这个差异加大了，它就成了讨厌的因素而不是吸引人的因素了。

　　"那么就该让女孩子去乱跑，变得和男孩子一样粗鲁，都变成一些乱蹦乱跳、大喊大叫的姑娘！"维护规矩的人们会这样喊叫。这个，我们看，是女教师们老在害怕的。根据调查，似乎在"小姐们的学府"中像男孩子那样每天作闹哄哄的游戏是一个应受处罚的过失；我们估计禁止这种游戏是怕养成一些不合闺秀身份的习惯。可是这个惧怕毫无根据。如果男孩子能进行的游戏活动并不妨碍他们成长为绅士，为什么同样的游戏活动就妨碍女孩子成长为大家闺秀呢？青年人在球场上的游戏不免有些粗野，他们离校以后并不在街上乱蹦乱跳或在客厅打弹子游戏。脱掉了学校的制服，他们也同时放弃了那些孩子们的游戏；而表现一种热望，时常是可笑的热望，去避免任何不像大人的事情。那么，假如到了适当年龄，这种男性的尊严感能够有效地控制住童年游戏，难道将近成年时逐渐加强的女性矜持感就不能有效地控制住女孩子们的游戏吗？女人不是比男人更注意外表吗？难道不会因此使她们更有力地制止一切粗鲁和喧哗吗？那种认为女性的本能没有女教师们的严格管教就表现不出来的想法，真不知多么荒谬！

　　在这里也同在其他地方一样，为了要挽救一件人为东西的恶果，又搞出另一件人为东西。禁止了自然的自发的运动，缺乏运动的不良后果又这样突出，就产生了一套人为的运动制度——体操。我们承认这个总比没有活动要好些，可是不承认体操真能够代替游戏。缺点有积极和消极两方面。首先，这些规定的肌肉动作，必然不像儿童游戏中的动作那样多变化，不能将动作平均分配到身体各部分；结果是由于特殊部分用力多而更快地引起疲乏；而且，如果经常在这个特殊部分重复用力，还会引起不匀称的发育。再则，这办法不只由于分配不均匀而使运动量不够，同时也会由于缺乏兴趣而更不够。这些单调的动作，尽管不见得因为作成了规定功课而使人讨厌，由于它们不好玩，也一定会变成费力。比赛诚然可以作为刺激，但不像有变化的游戏的乐趣那样持久。可是反对它的最有力的理由还没有说。从体操所得到的肌肉运动除在数量上较差外，在质量方面还要更差。前面已经提到，乐趣较少使人们很快就停止这些人为的运动；它同时还使在身体上产生的效果要低一等。一般人都认为只要身体有了那么多的动作，是否引起愉快并无关系。这假定是个大错。愉快的精神兴奋能够大大提高精力。请看看一件好消息或是老朋友来访问对于病人产生的影响。注意一下医生多么谨慎地建议虚弱病人参加令人愉快的社交。记住变换环境的满足对于健康多么有益。"快乐是最强的补品"是一条真理。由于加快了血液循环，它促进每一种功能的操作，因此已有的健康会有增进，失去的健康也将恢复。所以游戏比体操有本质上的优越性。儿童对游戏的极端兴趣，以及他们进行一些较随便的玩耍时的痛快，同当时身体上用力的活动有同等重要。既不能供给这些精神刺激，体操就必然大有毛病。

尽管我们承认体操的运动比没有运动强，也进一步承认它们作补充帮助也很不错，可是我们始终认为它们绝对不能代替自然所推动的那些运动。对女孩子和对男孩子一样，本能促进的游戏活动是身体幸福所不能缺少的。谁禁止这些活动，就在禁止上天规定的身体发育方式。[1]

---

[1] 转引自胡毅、王承绪译.斯宾塞教育论著选[M].北京:人民教育出版社,2005.132—136.

（四）防止过度用脑

斯宾塞观察发现，过度用脑会影响到身体的健全，也会影响到脑本身的健全，会导致体质、精力、情绪等方面出现一系列的糟糕反应。斯宾塞严厉谴责了当时英国社会中人们只重视儿童心智培养而不关心他们身心健全的做法，他主张减轻儿童的学习负担，不让"幼儿生活太过分像成年生活"。斯宾塞认为，身体是心智的基础，发展心智就不能使身体吃亏。

还剩下一个题目，一个比以前任何一个更迫切需要考虑的题目。不少人认为在受了教育的阶级中年轻人和将要成年的人都没有他们老一辈长得那么好或那么强壮。一开始听到这种说法，我们不免把它看成颂古非今这个老倾向的一种表现。想到用古代甲胄来衡量，现代人比古代人高大；从死亡统计表上也看出一般寿命并未缩短而延长了些，我们就不大注意这个似乎缺乏根据的意见。可是仔细一观察，我们的看法发生了动摇。不把劳动阶级放在一块儿来比较，我们注意到多数的情况是子女的身长赶不上父母的身长；而从年龄差别上作了调整后，在体重上也同样较差。医学界的人们说近来人们不像从前那样经得住劳累。未老先秃头顶的人比过去大为普遍。年轻一代中早期龋齿的也多得惊人。在一般精力上，对比也同样显著。上几辈的人尽管生活那么放荡，可是比现在一代生活较拘谨的人能多受折磨。虽然他们狂饮晚睡，不注意呼吸新鲜空气，不讲清洁，但我们的近祖都能长期苦干不出毛病，甚至到老仍精力旺盛。看看法官和律师的记录就可知道。可是我们这些人，多考虑身体健康，吃不过饱，饮不过量，注意通风，经常洗澡，每年旅行，而且享受较多医学知识，倒不断被工作拖垮了。相当地注意了健康规律，我们似乎反而比那些在许多方面不顾健康规律的祖父们还要弱些。而从年轻一代的外貌和经常生病来看，他们很可能比我们自己还不结实！

这说明什么呢？难道过去成人和儿童的饮食过量比我们前面提到的目前流行的饮食不足的害处要少些？难道是因为相信了引起错觉的锻炼理论，给孩子们少穿了衣服？难道由于错误地追求斯文而多少禁止了少年游戏竞技？照我们的论断，可以说每一个原因对于产生这恶果都有一份责任。但是还有一件严重的事情在发生影响，或许比任何其他的力量更大。我们指的是用脑过度。

现代生活的压力不断增加老年人和青年人的紧张。在一切生意和职业中，更加激烈的竞争在考验着每个成人的精力和本领，而为了准备年轻人在这较激烈的竞争中站得住脚，他们就受到从来未有的严酷训练。这样就有了双重损害。父亲们为他们日益增多的竞争者所迫，在这不利情况下还要维持一个花钱较多的生活方式，就一年到头早晚工作，运动既少，假期又短。这个被继续操劳过度损伤的体质，又遗传给他们的儿女。这些比较虚弱的儿童，精力受了一般的负担已经注定要垮台，而他们所要学习的课程却比为过去几辈还未受亏损的儿童所规定的还大加扩充。

可以预想到的惨重后果到处可见。随你到哪里，很快都会注意到许多男女儿童和青年多少受了过度学习的损害。这个人由于体弱需要下乡休息一年。那个人害了几个月的慢性脑充血，而且要继续一个长时期。一会儿你听到由于学校中某些过度兴奋引起发高烧。再就是原来曾一度休学的青年在复学后常因晕厥要抬出教室。我们说的是事实，不是找来的事实，而是在过去两年中我们不得不注意的事实，并且是在一个很小的范围中发生的。我们也还没有全部列出来。最近我们有机会留心到这些恶果怎样成为遗传的。有一位父母很健壮的太太，她的身体由于在一所苏格兰寄宿学校吃得太少，工作过多，以致坏到一起床一定头晕。她的子女先天不足，头脑虚弱，好几个人都稍作功课而头痛头晕。现在每天我们眼前还有一位年轻小姐，她的身体由于她受的大学教育而终身受害。那时她的功课负担重得没有余力去从事运动。现在是大学毕业了，她却成了一个病号。她食量不大，而且这不吃那不吃，主要是不吃肉；即使在热天也四肢经常冰冷；弱得只能缓慢散步，而且只能走一会儿；上楼就心悸；视力太差——这些，连同发育不全、肌体松弛，就是所产生的一部分结果。除她外，我们还可以提到她的一个同学身体同样很弱，连几个朋友安静地聚会都使她兴奋得要晕倒；最后只好听医生劝告休学。

如果像这样显著的损害已经如此常见，那些较小的、不显著的损害该是多么普遍。有了一个由于用功过度肯定生了疾病的例子，多半至少会有半打毛病没有在表面上出现而在慢慢累积的例子——由于这个或那个特殊原因或体质脆弱而功能时常不正常的例子，身体发育迟缓或早期停顿的例子，潜伏的结核病发作的例子，或是有倾向发生现在已常见的由于成年生活劳动所引起的大脑毛病的例子。人们见到了操劳的职业或商务人员的经常疾病，又想到用功过度在未发育的儿童身体上必然产生更糟的后果，大家都会明白这样会怎样普遍地损害健康。青少年既不能像成人一样受那么多的苦，又不能胜任那么多体力工作和脑力工作。那么就判断一下，如果成人由于用心过度显然受苦，叫青少年在心智上用功，时常是照样过度，该有多大的损害！

用不着预言家就可以看出这样紧张的学习给身体的伤害一定很大。我们听到其中一个人说，入校时气色很好的人很快变成灰白，时常生病，总有一些人是病号。食欲不振、消化不良的现象非常普遍。腹泻是个常见的病，全体学生中常有三分之一害这种病。普遍都感觉头痛，有人几个月来几乎每天如此。还有一部分人是整个垮了，离开了学校。

这居然是一个在当代开明情况下所设立和监督的某种模范学校的制度，真是令人吃惊。由于考试制度严格，又只有短时期来做准备，人们竟被迫采取一种必然使受教者健康受损的办法。这如果不证明居心残忍，就证明是无知得可怜。

这种情况无疑多半是个例外，或许只在同等的其他学校中有同样现象。但是这种极端情况居然存在，就很足以说明年轻一代的心智负担过重。这些师范学院的要求既代表着受了教育的一些人的观念，尽管不要其他证据，也已意味着在培养办法方面操之过急已经成为一个普遍倾向。

似乎很奇怪，一般人都意识到儿童期教育过多有危险，却很少人意识到青年期教育过多有危险。多数家长多少都明白婴儿早熟遗留下来的恶果。在每个社会阶层都可以听到人们指责那些过早刺激小孩心智的人。越明白这个效果，对于这个早年刺激的恐惧就越大。一个很知名的生理学教授对我们说，他不打算让他的小儿子在八岁以前学任何功课；他这话的含义就是个例子。但是尽管大家都很明白强迫儿童心智发育会使他们身体虚弱，或到后来愚笨，或早期死亡这一个真理，却似乎并看不到这道理在青年期一直都是一样。实际上这是毫无疑问的。能力的发展有它一定的顺序和一定的速度。如果教育的过程符合这个顺序和速度，那就很好。如果不这样，如果由于给一些过于复杂、过于抽象、他不容易吸收的知识来很早增加较高能力的负担，或者如果由于过分培养使心智的一般发展超过那年龄的自然水平，所得到的不正常利益就不可避免地会带来某些相等的或更多的害处。

自然是一个严格的会计师，如果在一方面你所要的比她所准备给的多了一些，她就在别处减一点来平衡账目。如果你让她照她自己的打算进行，设法供给一些分量恰当、种类对头、各年龄身心发育所需的材料，她最后会作出一个大致平衡发展的个人。可是如果你一定要任何一部分早熟或过分地发育，她会在多少表示不服后同意这么作；但是为了进行你所要的额外工作，她必须把她的更重要的工作放下一些不作。永远不要忘记，在任何时候身体的精力是有限的；由于有限就不可能从它那里得到超过定量的结果。儿童和青年对精力的要求是多样的和迫切的。前面已经指出，一天身体运动所造成的消耗要补上，一天学习对于脑的消耗要恢复，一定的身体成长和一定的脑的成长要顾到，此外，满足这些需要的大量食物还要力量去消化。把过多的力量引进这些用途中的任何一个，就要减少其他用途中的力量。这一点在道理上很明显，事实上也已经从每人的经验中得到证明。每个人都晓得，比方消化一顿饱餐对于躯体的要求是这样大，以致身体精神都产生松懈，结果常引起睡眠。每人也都晓得体力运动过度就使思考能力降低：突然用力后的暂时困顿和走了三十英里后的疲乏都使人不想多用心思；徒步旅行了一个月要好几天才能克服心智上的惰性；终身从事肌肉劳动的农民心智活动很少。还有大家熟悉的真理，儿童有时身体发育特别快，而那时候他们身体和心智的困乏就说明很多力量是消耗了。再则，刚吃完饭就进行强烈肌肉活动会使消化停止，早年做苦工的儿童发育会停顿，这些事实同样显示这个对抗；也同样说明朝一个方向的活动过度就使朝其他方向的活动不足。在极端事例中如此显明的规律在所有情况下都是一样。轻微和经常的过分的要求也肯定地会分散力量和引起损害，像那些巨大的和突然的过分要求一样。那么，如果在青年时智力劳动的开支超出了自然所安排的分量，为其他目的的开支就会达不到应有的程度而不可避免地要产生这种或那种恶果。让我们简单地看看这些恶果。

假定脑的过度活动超出正常活动不多，对于身体发育不过有些轻微影响：身高比本来可以长到的要差一点，或是体重比本来可以达到的差一点，或是身体组织的质量不那么好。一定会产生一个或几个这种效果。在用脑的时候和事后补充脑中物质消耗的时候，供给脑部的超量血液本来可以在四肢和内脏中运行，原来靠这血液供给材料来进行的发育和补偿现在都落了空。物质的反应既是肯定的，问题就在于从过度培养所获得的是否等于所失掉的？——是否身体发育不良，或体质不健全，从而缺乏活力，不能持久，都可以从所多得的知识来补偿？

当用心大为过度的时候，结果就严重得更厉害，不只影响身体的健全，也影响到脑本身的健全。有一个生理学规律，最初由伊西多·圣提霍尔先生指出，而刘易斯(Lewes)先生在他的《侏儒和巨人》一文中曾引起人们注意的，那就是生长和发育有对立。在这个对立的意义上，生长是指长大，而发育是指身体结构的增加。毛虫和蛹是个熟悉的例子。毛虫的个头长得极快，但它长足时的构造并不比它小时怎样更加复杂。蛹并不长大，在动物生命的那阶段还减轻重量，但它有大量的活动在形成一个更复杂的构造。这里看得很显明的对立在高等动物中比较不易看出，因为两个过程是结合进行的。但是如果把男女两性对比，就在我们中间也很能看出例证。女孩子的身心发育迅速而较早地停止生长。男孩子的身心发育较慢但是长得较大。在同一年龄，一个业已成熟、长成，一切能力都充分具备；而另一个的生命力量却多用在躯体的长大，构造上还比较不齐全，而表现为身心的比较笨拙。这个规律，在肌体的每一部分和在整体上是一样的。任何器官在构造上不正常地迅速前进就会使它的生长早期停顿；而这种情况，在心智的器官上，同在任何其他器官那里一样，肯定会发生。早年体积较大但构造不全的脑，如果被要求去通过过度活动发挥功能，在构造上就会有大于那个年龄应有的进展；但是最终的效果会使它达不到本来可以达到的大小和力量。这就是部分的原因，多半是主要原因，为什么早熟的儿童和在某一时期前一帆风顺的青年时常会停滞不前而使他们家长的厚望落空。

教育过度的这些结果尽管已够惨重，或许更惨重的还是对健康的影响——伤害了的体质，亏损了的精力，变态的情感。生理学的最近发现已经显示，脑对于身体功能有多么大的影响。消化、循环和通过它们达到的其他一切有机过程都受大脑兴奋的巨大影响。任何人像我们一样看过韦伯首次创作的实验的重演，那实验是看连通脑和内脏的迷走神经受刺激时的后果——任何人看见心脏的动作在刺激这神经时突然停止，取消刺激又缓缓恢复，再给刺激又再停，都会对于过劳的脑对身体的压制影响有个清晰的概念。从生理学上这样说明的效果在通常经验中实际也有例证。没有人在渴望、惧怕、愤怒、欢乐时不觉得心跳，没有人没注意到这些情感强烈时心脏的动作是多么费力。虽然许多人从未受过那种使心脏停止跳动和使人昏厥的极端情绪兴奋，但是每人都知道其中的因果关系。内心兴奋超过某种强度能引起肠胃毛病也是大家熟悉的事实。食欲不振既是精神非常愉快，也是精神非常痛苦的常见后果。饭后不久就发生愉快或痛苦的事，少不了肠胃要把吃下去的东西呕出来或是很费劲地、很勉强地进行消化。每个多用脑的人都能证明，即使单纯智力的活动如果过度也会产生类似的后果。脑和身体的关系在这些极端例子中已如此明显，在一般的较不显著的情况中也都一样。正如这些强烈的但是暂时的大脑兴奋产生强烈的但是暂时的内脏扰动，不那么强烈，但是长期的大脑兴奋就产生不那么强烈但是长期的内脏扰动。这不仅是推论，而是一条每个医生都能作证的真理；是一条长期惨痛经验使我们能亲身证实的真理。许多各种程度各种形式的、常要几年的强迫休息才能部分治好的身体上的毛病，都是长期用心过度的结果。有时主要影响在心脏：习惯性的心悸，脉搏很微弱，而最一般的是脉搏次数从七十二降到六十或更少。有时突出的毛病在肠胃：一个使生活成为负担的消化不良，除时间外无法可治。在许多情况下，心脏、肠胃都出毛病。睡眠多半不安而且时间很短。很普遍的还多少有些心情抑郁。

现在考虑一下过度的心智兴奋给儿童和青年的损害该有多么大。超过正常分量的用脑不可避免地要引起身体上的扰动，在它还不够产生明显的病症时也一定使体质慢慢亏损。食欲不振，消化不良，循环虚弱，怎么能使一个在发育中的身体欣欣向荣？每个生命过程的正常工作都依靠良好血液的适量供给。好血不够，液腺就不能正常分泌，内脏不能充分尽它的职责。好血不够，神经、肌肉、薄膜和其他组织都不能得到有效的维修。好血不够，生长既不能健全也不会充分。那么，可以判断一下，一个在生长中的身体由一个虚弱肠胃供给数量不足、质量不佳的血液，再由一个无力的心脏把这量少质差的血液不自然地慢慢地推动，那后果该有多糟。

如果像调查过这件事的人所必然承认的，身体健康下降是学习过度的后果，前面所描述的硬塞知识的办法该受到多么严厉的谴责。无论从哪个观点看，那办法都是大错特错的。从单纯获得知识方面看，是个错误。心智和身体一样，超过了一定的速度就不能够吸收；而如果你给它材料过快得使它无法吸收，不久它还是会丧失掉。这些材料并不能在心智中组合到一块，在它们应付了考试以后就从记忆中溜掉了。错误还在于这个办法使学习变得使人讨厌。或是由于不断的心智紧张活动产生了苦痛的联想，或是由于它在脑中留下了一个不正常的状态。硬塞知识的办法经常引起人对书籍的厌恶；这样就无法使人得到合理的教育所培养的那种自学能力，反而会使这种能力不断地退步。错误也在于这个办法假定获得知识就是一切；而忘了更重要的是组织知识，那个需要时间和独立思考的工作。正如洪波尔特在谈到一般心智进程时所说："当描述工作被堆积大量零星事实所劳累时，对于自然的解释就弄模糊了。"对于个人的心智进程，过量的、消化不良的知识也可说是给心智加多负担和给它障碍。作为心智脂肪储备起来的知识并无用处，只有变成了心智肌肉的才有用。可是错误还更深一层。即令这个办法能产生心智效率（事实上它并不可能），它还是不好；因为，如我们在前面业已指出的，需要体力充沛才能够使心智训练在生活斗争中有用，而这个办法却给这充沛的体力以致命伤。那些急于培养儿童心智而不顾他们身体的人，都忘了社会上的成就比较多地靠一个人的精力而比较少地靠他的知识；执行一个在硬塞知识时损害精力的办法就是在自找失败。有了从丰富的动物活力得来的坚强意志和不倦的活动，就是在教育上有大的欠缺也很可弥补；而如果配合上不必牺牲健康而能得到的颇为适当的教育，就保证能很容易胜过那些学习过度身体虚弱的对手，尽管后者在学问上表现出天才。一个较小的、工作得较差的发动机在高压下工作，会比一个大的造得好的机器在低压下工作效果要好。那么在造发动机时损坏了锅炉，使它不能发出蒸汽该是多么愚笨！再说，这个办法的错误还在于它涉及对生活幸福的错误估计。尽管假定它能使人在世上成功而不致失败，但是由于引起了健康不良，还是会带来超过等量的灾难。如果有财富的人经常生病，发财又有什么好处？如果盛名带来一些无名的抑郁，出名又有什么价值？肯定地用不着告诉任何人，消化良好，脉搏有力，情绪高涨，是任何身外利益无法胜过的幸福因素。长期的身体毛病使最光明的前途蒙上阴暗，而强健的活力就使不幸的境遇也能放出金光。因此我们认为这种过度的教育在各方面都坏：坏在给予一些不久就忘的知识；坏在引起对知识的厌恶；坏在忽视知识的组织，而那比获得知识更重要；坏在削弱或损耗精力，而缺了它训练好的心智就无用处；坏在产生健康不良，即使成功了也无法补偿，而失败了要加倍痛苦。

这样，儿童的体育在各方面有严重错误。错在吃得不够，穿得不够，运动不够（至少女孩子是如此），而用脑过多。从整个制度看来，倾向是要求太苛；要得太多，给得太少。在精力的负担上，它使幼年生活太过分地像成年生活。它忽视了这个真理：既然在胎儿期全部生命力都用在生长方面；在婴儿期用在生长方面的生命力是这么多，以致只余下很少分量来从事身体或心智的动作；那么在整个儿童期和青年期中，生长也是其他一切必须服从的最高要求。这个要求就决定给的要多，取的要少；这个要求就要依照生长的速度来控制体力和智力的运用；这个要求就只允许按照生长变缓的程度来增加身心活动。

这种高压力教育是我们当前即将过去的文化阶段的产物。在原始时代，侵略和防御是首要的社会活动，需要的是身体健壮和兼有勇气；那时的教育几乎全在身体方面；心智上的培养很少顾到，而且，像在封建时期，常常被人轻视。现在我们既然处在比较和平的情况下，肌体力量除了体力劳动外用处不多，差不多各种社会成就很大部分靠智力；我们的教育就变成几乎全在心智方面。我们现在不是重视身体忽视心智，而是重视心智忽视身体。这两种态度都不对。我们还没有认清楚这一条真理：在我们这样的生活中身体既是心智的基础，发展心智就不能使身体吃亏。古代和现代的两个想法必须结合起来。

为了使身体和心智都得到适当照顾的时候早日到来，把保持健康是个责任这一信念加以宣传，或许能起最大作用。似乎只有少数人在目前意识到还有对身体的道德这么一回事。人们惯常的言行都意味着他们认为有权任意处理自己的身体。由于违反自然的指示而发生的毛病，他们只看成一些值得抱怨的事，而不是一些多少犯罪的行为的后果。尽管给他们家属和后代的恶果经常同犯罪所引起的后果同样大，可是他们不认为有什么罪。当然在酗酒的情况下，身体过失的罪恶是承认了；可是似乎并没有人由此推论，如果这个身体过失是罪恶，那么每一件身体过失也都是罪恶。事实上所有违反健康规律的事都是身体罪恶。到了大家都承认这点的时候，或许非要到那时候，年轻人的身体锻炼才能得到应有的注意。[1]

---

[1] 转引自胡毅，王承绪译.斯宾塞教育论著选[M].北京.人民教育出版社，2005.140—149.